Torp och backstugor

i

Kvarkhult, Flahult och Roen

Tannåkers socken

Omslagsfoto: En av många gamla jordkällare som finns i skogarna. Denna tillhör torpet Sörskog.

© 2014 Tannåkers Forskarförening, studiecirkeln 2012-2014
Förlag och tryck: BoD

ISBN: 978-91-7463-498-3

Inledning

År 1974 gjordes en torpinventering i Tannåker. I samband med denna märktes torp och backstugor ut med skyltar.

År 2012, efter stormarna Gudrun och Per, tyckte vi att det var dags att se om vi kunde hitta torpen och om skyltarna fanns kvar. Vi startade en studiecirkel inom Hembygdsföreningen. Vårt mål var att hitta platserna samt ta reda på så mycket som möjligt om byggnaderna och folket som bott där.

Vi började i Flahult och vi hittade alla torp från dokumentationen 1974 samt några till. Vi har GPS-bestämt dem, så förhoppningsvis ska det vara lättare att hitta dem efter detta, tänk på att dessa koordinater inte är exakta. Vi har besökt torpen flera gånger och skadade skyltar har åtgärdats eller ersatts.

Dessutom har vi gått igenom husförhörslängder, fattigvårdsprotokoll och kartor för att få svar på våra frågor. Två bandinspelningar från 1974 med Otto Emanuelsson och Viktor Petersson har också varit till viss hjälp.

Några som ingått i cirkeln har haft mycket att berätta om vad äldre ortsbor har sagt om tiden som gått. Vi har även pratat med äldre bybor som bott i Tannåker länge.

Vi har beskrivit naturen runt torpställena och försökt hitta rester som visar var husen funnits.

Materialet till skyltarna har hembygdsföreningen bekostat.

Från början var vi tio deltagare. De nio som varit med hela vägen är: Ing-Britt och Gösta Lindbladh, Ann-Marie och Gunnar Svanholm, Inga-Lill och Thure Fredhage, Ulla Roikier, Erik Fredriksson och Sara Karlsson. Inga-Lill och Sara har "rotat" i gamla dokument och handlingar för att få en lite utförligare bild av dem som levde i våra små stugor. De har även dokumentrat allt och resultatet, denna bok, har du i din hand.

Kartorna
Tillstånd att använda kartorna har inhämtats hos Lantmäteriet.
© **Lantmäteriet Medgivande R50327665_140001**

Tannåker

I början på 1900-talet fanns inte mycket skog i Tannåkers socken. Den skog som fanns bestod mest av ek och bok, virke till byggnader fraktades bland annat över Bolmen från Västerlandet.
Eftersom det var ont om skog planterades granskog i början på förra seklet.

När torp och backstugor uppfördes på 1800-talet var landskapet mycket öppnare än i dag. Stugorna byggdes ett stycke från gårdarna ofta vid en liten lycka (åker eller öppet område). Idag, när husen är borta, det växer tät skog och det kanske bara finns några överväxta stenar kvar, kan man tycka att de låg väldigt ensligt. Det fanns dock alltid en väg eller stig dit och man kunde kanske se till nästa hus när det inte fanns så mycket träd.

Flahults rote

Flahults Rote består av **Kvarkhult, Flahult** och **Roen.**
I början på 1800-talet bestod Kvarkhult av två gårdar, Flahult av tio och Roen av fyra.

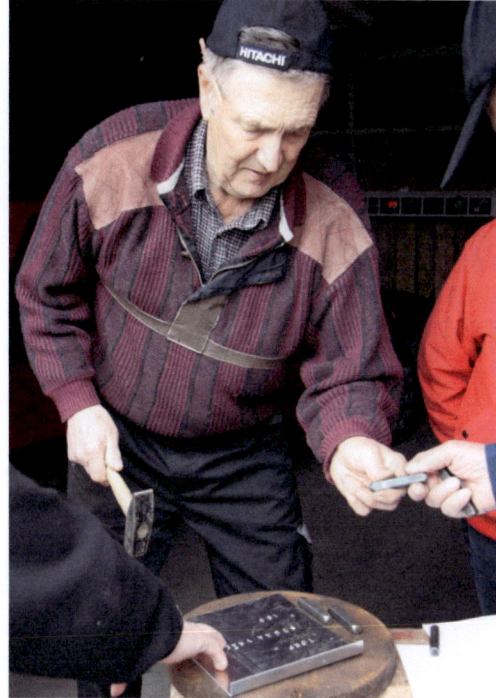

Erik Fredriksson stansar de nya skyltarna som vi satt upp.

7

Kvarkhult

I Kvarkhult finns mestadels mossmarker och numera också skog, Här bedrivs inget aktivt jordbruk i dag. Kvarkhult gränsar i norr till Gylteboda i Vittaryds socken. Här har funnits två backstugor, Västraskog och Björket, samt soldattorpet Ärlebo.

Soldattorpet Ärlebo No 96

Detta soldattorp tillhörde Sunnerbo Kompani, Smålands kavalleriregemente (1692-1798), lätta dragonregemente (1804-1821), och Smålands grenadjärbataljon (1824-1883). Rusthållare var hemmansägarna i Kvarkhult och, under en tid, Roen. När torpet blev soldattorp har vi ingen uppgift om, men det har antagligen byggts för soldater. Torpet har kallats ryttartorp, dragontorp grenadjärtorp och knektatorp.

I ett av torpsyneprotokollen har vi hittat en beskrivning på husen: Mangården var 15 ¼ aln lång, 6 ¾ aln bred och 2 ¼ aln hög (cirka 9 m lång, 4 m bred och 1,33 m hög). I den fanns en stuga (rum) med förstuga, en liten förstugukammare och en bod. Ladugården hade två lador och fähus. Den var 13 ¾ aln lång, 8 aln bred och 4 aln hög (omkring 8,2 m lång, 4,8 m bred och 2,4 m hög). Taket på ladugården var av halm.

Hitta hit (se karta 1): Kör ner på skogsvägen från landsvägen i Kvarkhults by mot sydost. Följ grus/skogsvägen så långt det går.
Vi är osäkra på var boningshuset låg. Enligt gamla kartor ska ett hus legat nästan mitt på nuvarande väg i Ärlebo. Där finns en rad med överväxta stenar som kan ha varit en del av grunden. Vi har satt en skylt vid ett gammalt hus som senare kanske har använts som bostadshus. I detta finns rester av en öppen spis och en lite modernare murad spis. I åkerkanten öster om soldattorpet har ladugården legat. Här finns trädövervuxna rester av grunden kvar. En jordkällare väster om soldattorpet och kanske en stengrund norr om jordkällaren. Här finns vinbärsbuskar.

GPS skylt: N 56.9769°, E 13.8373°
GPS ladugård: N 56.9769°, E 13.8379°
GPS förmodat äldre hus: N 56.9772°, E 13.8372°

Den fallfärdiga ladugården, nu finns den inte mer. (Foto Uno Johansson 1976)

Detta hus användes på senare tid till bland annat vedbod. Antagligen var detta den byggnad som soldaterna bodde i under 1800-talet. (Foto Uno Johansson 1976)

9

1692-1701
År 1692 fanns här troligen en soldat. Det står i dokumenten att No 96 var berustat av Kvarkhult och Roen. De hade dock inte själva råd att hålla soldaten utan fick hjälp av Norra Hyltan i S Unnaryd och Skällandsö Södergård. Soldaten **Jon Håkonsson** dog den 24 oktober 1701.

1701-1702
Hans Olufsson ersatte den förre soldaten, men dog redan under marsch till regementet, den 20 september 1702.

1703-1708
Den 16 november 1703 kom istället ryttaren **Kristoffer Johnsson**. Hästen som han red var gammal och svart.
Dessa tre soldater bodde troligtvis i soldattorpet, men vi vet inte säkert.

1709-1722
I september år 1709 antogs Per Jakobsson som ryttare för Kvarkhults rote. Han fick soldatnamnet Skarp.

Per Skarp	f 1686 (cirka) i Tannåker
H Britta Jönsdotter	
d Elin	f 1708-09 i Tannåker
d Märta	f 1711-11 i Tannåker
s Jakob	f 1722-10 i Tannåker

Per och **Britta** är de första som vi säkert vet bodde i Ärlebo. Per hade lärt sig snickarhantverket. Han hade antagligen fått en ny häst, en stark brun klippare som var åtta år. Han fick 1710 en svart halsduk, en saltpung och en viskeduk (ett ryktredskap). Den 9 mars 1712 bröt Per av värjan vid Hoby. Per titulerades ett tag "sventjänare". År 1722 transporterades Skarp till soldattorp No 16, Sjöatorp, men bodde år 1722 i Flahult, Backegård.
Elin och Märta föddes i Ärlebo, Jakob i Flahult Backegård.

1722-1763
Så kom **Kristoffer Werling** 1722-1726
Anders Dahlman 1726-1733. Han tog antagligen över ett lantbruk när han begärde avsked.
Johan Hans Appelgren var född i Tannåker omkring 1709. (möjligtvis var han son till saköresfogden Johan Persson i Kvarkhult). Han var soldat 1733 till 1758 då han dog. Han blev sjuk i Stralsund. Hästen som

10

var 18 år, mörkgul med svarta ben blev kasserad 1758 och ersattes 1761 av en svartbrun valack.
Vi vet inte säkert om dessa tidiga soldater bodde i Ärlebo.

Vi vet att en kvinna som hette **Maria** dog i Ärlebo i januari 1719, 85 år gammal och änkan **Gunnil Jonsdotter** avled av ålderdomssvaghet i Ärlebo i slutet av mars 1749, i sitt 75:e år. Om de bodde ensamma eller tillsammans med någon vet vi inte. Om deras eventuella män var soldater vet vi inte heller.

Vi vet också att flickan **Karin Eriksdotter** avled på Ärlebo torp den 1 december 1752, av "massel", 14 veckor gammal. Fadern hette **Erik Jonsson** och modern **Kerstin Bengtsdotter**. Soldatnamn tillkom i början av 1700-talet och alla fick kanske inte soldatnamn. Därför vet vi inte om Erik Jonsson var soldat eller "bara" torpare.

Här dog också en flicka vid namn **Karin Jonsdotter** den 10 maj 1753. Karin var 9 månader gammal och hade fått koppor.

Den 29 november 1759 transporterades **Ernest Kronlund** hit från Hörda. Han fick avsked i januari 1763.

1764-1789

Den första soldatfamiljen som förekommer i husförhörslängderna för ryttartorpet Ärlebo är:

Ryttaren Peter Appelgren	f 1738 cirka
H Kerstin Karlsdotter	f 1729 cirka
s Karl	f 1763-11-06 i Vittaryd
s Anders	f 1767-02 i Tannåker
d Ingrid	f 1772-12-16 i Tannåker

Peter blev soldat för Kvarkhults rote den 12 november 1764. Han hette från början Larsson och var 5 fot, 11 tum lång (176 cm). År 1787 var hästen svag och på alla sätt oduglig och kasserades.

Per dog den 25 juli 1789 under ett fälttåg till sjöss. Han begravdes samma dag. Gustav III var då kung och låg i krig med Ryssland. Den 6 juli lämnade krigsfartygen hamnen i Karlskrona och de mötte ryssarna söder om Öland i ett sjöslag den 26 juli. Drabbningen blev oavgjord, men de flesta av de svenska soldaterna var sjuka i tyfus och tvingades tillbaka till Karlskrona. Om Per dog i strid eller av tyfus vet vi inte. Han begravdes antagligen i havet.

Karl föddes i Vittaryd. Något år efter pappans död gifte han sig och flyttade till backstugan Hyttet. Modern Kerstin flyttade med dit.

Anders och **Ingrid** föddes i Ärlebo.

11

1789-1803
Den soldat som kom efter Apelgren var också ryttare. Han gifte sig nyårsafton 1791.

Måns Bengtsson Löfgren Baddare f 1763
H Stina Bengtsdotter   f 1772
s Bengt   f 1793-04-20 i Ärlebo
s Jonas   f 1795-11-01 i Ärlebo
s Elias   f 1798-03-23 i Ärlebo
d Sara Greta   f 1800-06-08 i Ärlebo
s Nils   f 1803-08-18 i Ärlebo

Måns blev godkänd som soldat för roten vid generalmönstring i Stockholm i samband med kommendering dit 1790. Han var 6 fot ½ tum (179 cm) lång. Hästen avlämnades till kronan 1790. Fram till år 1803 kallades han ryttare. I april 1803 fick han avsked och flyttade från Ärlebo.
Måns blev i stället antagen som soldat i Skäckarp, Annerstad och var soldat där till år 1826. Han var kommenderad i Pommern och blev "blesserad" i vänstra armen i september 1808. Måns dog i Annerstad 1831.
Stina kom från en gård i Kvarkhult. Hennes pappa dog år 1784 och modern Anna bodde kvar där. Stina dog i Annerstad år 1843.

Den 22 april 1804 dog **Märta Jönsdotter** 63 år gammal. Hon bodde då, enligt dödboken, i torpet Ärlebo (i husförhörsboken står det att hon bodde i Hyttet). Hon var gift och dog av bröstfeber.

1808-1819
När Lövgren flyttat var roten vakant några år innan näste soldat blev antagen.

Dragon Peter Anders Fäldt   f 1784-12-02 i Tannåker
H Ingegerd Håkansdotter   f 1799-04-11 i Nöbbele
s Andreas   f 1817-01-01 i Tannåker
d Britta Stina   f 1818-04-08 i Tannåker
d Maja Stina   f 1819-04-29 i Tannåker
d Ingeborg   f 1821-05-23 i Tannåker
d Anna Britta   f 1823-08-09 i Tannåker
d Anna Britta   f 1824-10-17 i Tannåker
Ä Britta Josefsdotter   f 1743

Peter Anders föddes i Flahults Backegård och hette från början Andersson. Han och Ingegerd gifte sig i Berga den 5 november 1815 Peter Anders brukade tidvis en av Backegårdarna och familjen bodde antagligen där. Han var kommenderad långa tider och det var nog skönt för hustrun att vara nära svärföräldrarna som också bodde där. Peter Anders var på husförhören åren 1809 och 1811. Han var soldat för Lätta dragonerna, infanteribataljon. Han hade varit soldat sedan 1808 och det är troligt att han hela tiden var soldat för Kvarkhult. Han var 5 fot och 7 tum (166 cm) lång. Den 14 december 1819 transporterades han till no 93, Vare. Han dog i Berga den 10 september 1844.

Ingegerd var tvilling och föddes i Nöbbele prästgård. Hon kom till Tannåker från Hulie dragontorp, dotter till korpralen Håkan Bengtsson Svärd. Ingegerd dog i Flahult Backegård den 31 augusti 1866.

Andreas, Britta Stina och **Maja Stina** föddes i Flahults Backegård. **Ingeborg** föddes i Tannåker men bostaden är inte angiven. Alla fyra dopvittnena var från Flahult.

Anna Britta föddes i Flahults Backegård. Hon dog av hjärtsprång den 26 oktober 1823, drygt två månader gammal.

Anna Britta föddes i Flahults Backegård.

(Det var vanligt att man, när ett barn dött, lät nästa barn av samma kön få samma namn som det döda barnet haft.)

180?-1809

Periodvis bodde här också inhysesfamiljer. Om soldaten inte kunde bruka torpet (sköta jorden) fanns också tidvis torpare eller brukare.

Ett sådant par var Jöns och Ingeborg som kom från Boo, Bolmsö. De hade gift sig där den 1 oktober 1803 och bodde, den första tiden som gifta, i Boo.

Jöns Andersson	f 1777-01-20 i Bolmsö
H Ingeborg Magnusdotter	f 1776-05-11 i Bolmsö
s Anders	f 1803-10-25
d Stina	f 1808-09-22 i Tannåker

Jöns föddes i Bjurka.
Ingeborg föddes i Boo.
Familjen flyttade till Vittaryd i mars 1809, men återkom senare till Tannåker och Västra Skog.

13

Rester av den äldsta eldstaden i huset.

En lite nyare eldstad, en enklare form av kakelugn. Denna typ av spis var vanlig under 1800-talet

14

1802-1828
En av inhysesfamiljerna var en änka med barn.

Ä Kerstin Svensdotter	f 1763
s Erik	f 1790
s Sven	f 1798-01-07 I Tannåker
s Johannes	f 1801-07-14

Kerstin hade varit gift med Zakarias Persson och blev änka år 1802. Det verkade vara svår att få Kerstin till husförhören, prästen har vid ett tillfälle antecknat: "bör infinna sig till nästa förhör". Kerstin flyttade en tid till Flahult Backegård, men återkom till Ärlebo 1825. Hon dog hos sonen Sven i Ärlebo den 26 november 1827 av feber, hon blev 64 år. **Erik** flyttade till Angelstad. **Sven** gifte sig och bodde kvar här med hustru och barn till år 1828 då han flyttade till Skällandsö.

1824-1828
I husen bodde även torpets brukare

M Sven Zakrisson	f 1798-01-07 i Tannåker
H Stina Svensdotter	f 1788
s Salomon	f 1824-05-26 i Ärlebo
s Emanuel	f 1829-01-25 i Ärlebo

Sven var född i Flahults soldattorp, son till Zackarias och Kerstin Svensdotter. Han kom till Ärlebo från en drängplats hos sin bror Bengt Holm i Skällandsö. Sven och Stina hade gift sig i Vittaryd den 7 mars 1824 och de bodde någon månad hos Bengt Holm innan de flyttade till Ärlebo. År 1828 blev han hemmansägare i Skällandsö Mellangård. Han dog där år 1863 av förkylning då han bodde som inhyses änkling hos sin son Salomon. Enligt bouppteckningen ägde han endast gångkläder, en furukista och åtskilliga skomakarverktyg. Han hade kanske varit skomakare vid sidan om lantbruket. Han ägde dessutom gården som var taxerad till 450 Riksdaler.
Stina kom från Simmarp 1824. De fick ett dödfött flickebarn 1827.

1819-1820
Dragon Jöns Schack

H Kerstin Erlandsdotter	f 1780 cirka
s Johan Erland	f 1820-06-10 i Tannåker

15

Jöns Schack transporterades hit den 14 december 1819. Han dog den 15 juli 1820.

Johan föddes i Ärlebo.

Ungefär 1821-1824

M Peter Tor	f 1800-04-03
H Anna Jonasdotter	f 1787-04-27
s Peter Johan	f 1822-09-23

Peter var 5 fot och 10½ tum lång (174 cm). Han var dragon och hade varit soldat sedan början av år 1821. Han fick avsked vid mönstringen på Ränneslätt i juni 1828 p.g.a. "opålitligt uppförande".
Anna kom från Ryssby 1822.
Familjen flyttade till Berga år 1824.

1829-1832 och 1838-1843
I februari 1829 blev en ny soldat antagen. Familjen kom från Torp (Holmen) väster om sjön i Bolmen. De fyra äldsta barnen var födda där.

Grenadjär Sven Lager	f 1796-02-11
H Anna Petersdotter	f 1797-11-04 i Bolmsö
d Anna Sara	f 1821-11-18 i Bolmsö
d Britta Stina	f 1823-11-26 i Bolmsö
s Johannes	f 1826-02-18 i Bolmsö
s Anders Peter	f 1828-05-16 i Bolmsö
d Märta Katarina	f 1831-10-20 i Tannåker
s Lars Magnus	f 1835-11-15 i Vittaryd
d Inga Maria	f 1840-01-04 i Tannåker

Sven hette Johansson och gifte sig med Anna den 1 juli 1821 i Bolmsö. Han fick soldatnamnet Lager när han kom till Ärlebo. Han var 6 fot och 1 ¼ tum (179 cm) lång. Geväret han fått överta var i dåligt skick, med sprucken pipa och spräckt bajonetthylsa. År 1838 fick soldaterna nya gevär. Sven dog i Ärlebo den 6 april 1842 av vattusot 45 år gammal.
Anna var antagligen född i Holmen, dotter till Peter Gabrielsson och Britta Gustavsdotter.
Anna Sara var piga i Skällandsö och Kvarkhult innan hon flyttade till Vrå 1844.
Britta Stina flyttade till Vittaryd 1840. Hon kom så småningom till Växjö där hon arbetade som piga. En tid arbetade hon hos handlande Rundberg. Hon dog i Växjö den 19 juni 1902 av magkräfta.

Johannes var dräng i Ärnanäs i fyra år innan han flyttade till Vittaryd. Han bodde sedan i Torpa där han var gift. Han blev änkling och gifte om sig 1880. År 1882 emigrerade han och hustrun till Amerika. **Anders Peter** föddes i Torp, Bolmsö Västerland, **Märta Katarina** i Ärlebo, **Lars Magnus** i Jonsboda soldattorp och **Inga Maria** föddes i Ärlebo. Familjen bodde mellan 1832 och 1838 i Jonsboda soldattorp, men kom tillbaka hit. År 1843 flyttade änkan Anna med de tre yngsta barnen till Roen.

1832-1839
År 1832 kom en ny familj till Ärlebo från Mörkhyltan i Vittaryd.

Julius Jakobsson	f 1795-01-12 i Skällandsö
H Kajsa Jonasdotter	f 1796-01-14
s Johan Salomon	f 1818-02-15 i Bolmsö
d Maja Stina	f 1821-07-09 i Vittaryd
s Johannes	f 1823-09-17 i Vittaryd
d Eva Lovisa	f 1827-12-04 i Vittaryd
s Jakob	f 1830-04-06 i Vittaryd
d Britta Katarina	f 1833-03-17 i Vittaryd
s Karl Otto	f 1836-04-30 i Tannåker
s Julius Johan	f 1837-11-29 i Tannåker

Familjen hade först bott i Sjöalt (Sjöhult) Bolmsö innan de 1819 flyttade till Berga. De bodde i Snaryd samt ett år i soldattorpet Mörkhyltan i Vittaryd.
Julius föddes i Skällandsö, han gifte sig i Bolmsö med Kajsa 1817, han var då "lös arbetskarl". Den 15 april 1837 dog Julius av bröstinflammation, 43 år gammal. Han hade, vid sin död, två kor, en kviga, en kalv och en get. Skulderna översteg tillgångarna i boet.
Kajsa: Efter makens död bodde Kajsa och barnen inhyses, hon var då "alldeles utfattig" och år 1839 flyttade Kajsa och fyra av barnen först till Lyckan och sedan till en ny backstuga som fick namnet Nöjet under Flahult Östergård.
Johan Salomon var dräng i Kvarkhult ett år innan han flyttade till Berga 1833.
Maja Stina föddes i Snaryd, hon var i Eldsberga 1837-1839 och var sedan piga på olika gårdar i Flahult tills hon 1840 flyttade till Ljungby.

När **Britta Katarina** föddes står det i födelseboken att familjen bodde i Mörkhyltan i Vittaryd, men de hade enligt längderna flyttat till Tannåker.
Karl Otto föddes i Ärlebo, han dog en månad gammal i bröstfeber.
Julius Johan dog i Ärlebo, knappt ett år gammal, av slag.

1843-1845, 1846-1856

Grenadjär Johannes Lager	f 1820-05-23 i Berga
H Sara Petersdotter	f 1820-11-28 i Unnaryd
d Johanna	f 1845-09-19 i Tannåker
s Peter Johan	f 1848-10-01 i Tannåker
s Karl Magnus	f 1851-06-21 i Tannåker
d Kristina	f 1854-09-22 i Tannåker

Johannes Petersson blev antagen som soldat med namnet Lager den 16 september 1842. Han var 5 fot och 11 tum lång (176 cm), vid de senare mönstringarna var han 6 fot (178 cm), vilket kunde bero på att man år 1855 delade in en fot i tio delar istället för tolv som tidigare. Han kom från Prestorp i Berga 1843. Prästen har antecknat att han "läser svagt i bok". Det var annars vanligt att soldater hade lärt sig att läsa och ofta fick undervisa barn i både räkning och läsning. Johannes begärde avsked från tjänsten vid generalmönstringen i juni 1875. Han hade fyllt 55 år och var då sjuklig och oförmögen till krigstjänst enligt läkarintyg. Han hade "tjänt utmärkt väl" och anmäldes genast till underhåll. Han dog i Åbjörnabo Lillegård den 21 juni 1903.
Sara kom till Ärlebo från Åbjörnabo 1843.
Familjen bodde i Skällandsö Södergård 1845-1846 och kom sedan tillbaka till Ärlebo. Kanske reparerades soldattorpet under denna tid.
Familjen flyttade till Åbjörnabo i Vittaryd 1856, men Johannes var fortfarande soldat 96 för roten.
I Åbjörnabo dog Sara den 24 januari 1860 av en lungsjukdom. Johannes gifte om sig i april året därpå och fick ytterligare ett barn. Johannes andra hustru dog redan år 1863.
Dottern **Johanna** bodde hos fadern så länge han levde. Hon flyttade till Angelstad år 1910 och dog ogift i Björkelund Angelstad, den 11 december 1924. Hon dog av ålderdom.
Sonen **Peter Johan** vistades först i Danmark ett antal år, han reste till Amerika i mars 1880.
Sonen **Karl Magnus** blev i tonåren lam och ofärdig. Han dog av lungsot den 20 december 1874.
Dottern **Kristina** dog också av lungsot den 25 oktober 1874.

Johannes Lager hade, under ett år, piga och dräng.

| Anders Peter Bengtsson | f 1819-07-20 i Tannåker |
| Maja Stina Petersdotter | f 1819-04-29 i Tannåker |

Anders Peter var född i Skällandsö Norregård och kom till Ärlebo från Flahult Västergård. **Maja Stina** föddes i Flahult Backegård och kom från Mellangård 1845. Anders Peter och Maja Stina gifte sig 1845 och bodde i Skällandsö Mellangård, han dog 1878 av lunginflammation. Maja Stina dog 1883 av magsyra. De hade två söner.

Efter det att Johannes Lager med familj flyttat från Ärlebo har rotens soldat inte bott där. Efter Lager blev vice korpral Anders Viktor soldat för roten, han bodde i Stegaryd.
Anders J Viktor kallades tidigare Johannesson. Han var född i Vittaryd den 20 augusti 1848 och blev antagen den 20 december 1869. Han var 6 fot 2 tum lång (184 cm)och ogift. Han begärde att få heta Viktor. Vid mönstringen år 1879 lämnades följande intyg:
"Betyg: Att vice korpralen vid Kungl. Smålands GrenadjärBataljon Sunnerbo kompaniNo96 Anders Johan Victor från Stegaryd i Vittaryds socken sedan den 3 mars innevarande år vårdats å Ljungby lasarett för mjältsvullnad samt att han för fortfarande sjukdom är tillsvidare oförmögen att deltaga i bataljonens vapenövningar, detta varder härmed på avlagd ämbetsed intygat, Ljungby d 10 maj 1879. G B Vinös, lasarettsläkare."

1856-1880
Eftersom rotens soldat valde att inte bo i Ärlebo flyttade här nu in en brukarfamilj på torpet som fortfarande ägdes av rotebönderna.

Anders Peter Svensson	f 1825-06-30 i Bolmsö
H Britta Stina Eriksdotter	f 1822-03-19 i Bolmsö
d Paulina	f 1857-11-12 i Ärlebo
s Sven August	f 1858-12-16 i Ärlebo
s Salomon Edvard	f 1860-02-19 i Ärlebo
d Maria	f 1862-12-13 i Ärlebo
d Maria Kristina	f 1864-04-03 i Ärlebo

Anders Peter och **Britta Stina** gifte sig i Dannäs den 21 september 1856 och Ärlebo blev deras första hem. Han kom hit från Kvinnelsbo och hon från Törestorp. I slutet av 1860-talet blev familjen

inhysesboende och Ärlebo brukades till gården. Britta Stina var medellös och kunde inte lägga mantal. Anders Peter hade betyg för att arbeta i Danmark 1873. När sonen Salomon flyttade till Norhagen följde föräldrarna med och bodde inhyses i hans familj. Britta Stina dog den 20 mars 1887 av bröstlidande och Anders Peter dog den 19 juni 1894.
Paulina dog när hon var två och en halv månader gammal.
Sven August var knappt fem månader när han dog.
Salomon var det enda barnet som överlevde till vuxen ålder. Han var dräng i Kvarkhult från år 1878 och några år framåt. Han flyttade sedan till Roen där han blev ägare till 1/64 mantal Roen (Norhagen). Salomon gifte sig den 17 april 1886 med Carolina Eriksdotter som var dotter på en av gårdarna på Roen. Paret fick sex barn, bland annat Emil och Gerda som senare bodde i Norhagen. Salomon dog där den 2 juli 1947.
Maria dog av förkylning när hon var drygt två månader.
Maria Kristina fick slag innan hon fyllt ett år.

1884-1885
En ny arrendator flyttade in i juli 1884.

Johan Svensson	f 1846-09-08 i Voxtorp
H Eva Andersdotter	f 1852-11-18 i Forsheda
d Amanda Kristina	f 1877-12-11 i Tånnö
d Anna Elisabeth	f 1880-07-11 i Värnamo
s Gustav Elof	f 1882-02-26 i Forsheda

Johan hade blivit änkling 1883 och gift om sig med Eva den 24 oktober år 1884. Johan var stenarbetare och kom hit från Värnamo med två barn. Han dog på Västerviks hospital den 21 juni 1925.
Eva kom från Hånger och hade en oäkta son, Gustav Elof, med i boet. Familjen flyttade till Värnamo i mars 1885, och fick gemensamma barn. Eva dog av hjärtlidande i Lilla Segerstad den 2 november 1930.
Amanda Kristina var ett tag piga åt postmästaren Sylvan i Värnamo. Hon gifte sig och bosatte sig i Värnamo, hon dog där på juldagen 1963.
Anna Elisabeth gifte sig Hägg och dog i Värnamo i mars 1953.
Gustav Elof dog av difteri när han var fem år gammal.

1887-1889

Erik Magnus Svensson	f 1850-02-05 i Dannäs
H Johanna Larsdotter	f 1845-11-04 i Hånger
d Matilda Kristina	f 1877-05-13 i Hånger
s Johan Manfred	f 1885-02-15 i Tannåker

Erik Magnus och **Johanna** gifte sig den 27 december 1876. De kom till Skällandsö Mellangård i oktober 1878 och därifrån till Ärlebo år 1887. De bodde inhyses och han tjänade hos J Petersson i Dragaryd, Dannäs. I november 1889 flyttade de till Dragaryd. Familjen flyttade ganska snart till Erikstad i Vittaryd där Erik Magnus arbetade som ryktare. De flyttade tillbaka till Dannäs och Erik blev arrendator. Både Johanna och Erik dog i Väderås, Dannäs, Johanna av ålderdom, den 30 november 1917. Erik fick hjärnblödning och dog den 22 januari 1926.
Matilda Kristina dog ogift i Ljungby den 20 november 1950.
Johan Manfred gifte sig i april 1922 och dog den 6 februari 1970. Han bodde vid sin död i Älmhult.

1899-1917
Torpet brukades till gården, men omvandlades nu till lägenhet. Lägenheten köptes av en familj som kom från Ekåsen, under Stora Gavlö i Dannäs i juli 1899.

Johannes Davidsson	f 1841-03-23 i Dannäs
H Ingrid Stina Jonasdotter	f 1836-01-30 i Värnamo
d Britta Mathilda	f 1877-03-31 i Dannäs
s Edvard Sixtus	f 1880-01-01 i Dannäs

Johannes dog i Ärlebo den 3 april 1917 av ålderdomsavtyning och bråck.
Prästen i Dannäs har antecknat att **Ingrid Stina** var sinnessjuk. Hon och Johannes hade gift sig den 27 november 1867. Ingrid Stina dog tre veckor efter maken, den 28 april 1917 av ålderdomsavtyning.
Britta Matilda flyttade till Danmark 1903.
Edvard Sixtus gifte sig den 21 mars 1913 och blev ägare till gården. Han kallades Edde och föräldrarna blev inneboende hos honom.

21

Helge (son till Edvard) har varit i jordkällaren, i bakgrunden till vänster skymtar hans bostadshus. (Foto Uno Johansson 1976)

Bostadshuset i Ärlebo. Helge Johansson var den siste som bodde här. (Foto Uno Johansson 1976)

Björket 1815-1857

Backstugan Björket låg på en åker som kallades "Stueträan". Åkern är nu uppodlad.

Hitta hit (se karta 1): Kör ner på skogsvägen på västersidan om landsvägen genom Kvarkhult. Efter ca 300 m finns skylten i en stenmur vid sidan av åkerns östra kant. Här finns inga rester.
GPS skylt: N 56.9806°, E 13.8283°

1815-1857

Backstugan Björket nämns första gången i husförhörslängderna för år 1814-1820. År 1815 flyttade en änka in med sina två döttrar, de är de enda som bott i Björket.

Ä Stina Börjesdotter	f 1777-05-07 i Angelstad
d Britta Stina Jonsdotter	f 1800-11-19 i Berga
d Elin Jonsdotter	f 1804-02-20 i Berga

Skylten som finns vid sidan av åkern där backstugan Björket låg.

Stina var född i Rataryd. Hon hade varit gift med Jon Andersson. De bodde i Fallnaveka när dottern Elin föddes och flyttade från Berga till Tannåker samma år. Jon bytte efternamnet Andersson mot Kula när han flyttade in i Sunnerö soldattorp för att bli soldat för Sunnerö rote. Jon fick dock vid mönstringen beskedet: "svag, kan ej antagas". Familjen bestod, år 1804, av Jon och Stina samt barnen Katarina, Peter, Britta Stina och Elin. Efter några år i soldattorpet flyttade de tillbaka till

Berga men när maken dött kom änkan tillbaka till Tannåker. Dottern Katarina dog 1810, 13 år gammal, hon fick rödsot, de bodde då inhyses hos Gustav Andersson i Flahult Backegård.
När döttrarna börjat tjäna som pigor bodde Stina ensam. Hon var fattighjon och fick fattighjälp i många år. Hon dog den 18 december 1844 av "kof. hosta" (kvävande hosta).
Britta Stina var född i Bertilsboda i Berga. Hon var ute och tjänade som piga i bland annat Kvarkhult och kom därifrån år 1842, hon var då fattig och sjuk. Några år senare antecknades att hon var sjuklig och oförmögen till arbete. Hon dog som fattighjon i backstugan Björket den 28 juni 1857. Efter Britta Stinas död fanns inte backstugan längre.
Elin föddes i Fallnaveka.

Västra Skog ca 1789-1898

Hitta hit (se karta 1): Till Västra Skog kommer du om du fortsätter förbi Björket längs skogsvägen. Västra Skog låg cirka 60 meter från vägen på höger sida.
Skylten är nästan dold av brakved. Här finns suraplar, vinbärsbuskar, krusbär, hassel, balsaminer och ett ympat äppelträd. Marken är delvis öppen. Syskonen Nord har "broat" med sten för en körväg bakom husgrunden.
Här hittade vi tydliga rester från en husgrund. Eftersom skylten vid den förra inventeringen placerades vid lämningarna tror vi att det är bostadshuset som legat här.
Västra Skog finns i husförhörslängderna från år 1805. Innan dess har det funnits en backstuga utan namn. Detta var sannolikt samma ställe. I början var Västra Skog en backstuga men blev cirka 1825 ett torp.
GPS skylt: N 56.9810°, E 13.8246°

1789-1819
De första som bodde här kom från Snickartorpet i Dannäs, någon gång efter 1784. Anders och Sigrid hade gift sig på nyårsafton år 1775.

Anders Johansson	f 1740
H Sigrid Andersdotter	f 1746-12 i Dannäs
d Märta	f 1777-05-01 i Dannäs
s Erik	f 1780-02-02 i Dannäs
s Peter	f 1784-09-17 I Dannäs

Anders blev åldrig och bräcklig, han dog av ålder den 17 december 1817.

Sigrid flyttade till sonen Erik som bodde på Näset i Bolmsö. Hon dog där den 3 mars år 1823, hon hade fattigstöd.

Märta föddes i Snickartorpet Dannäs. Hon flyttade från Västra Skog till Vittaryd år 1793, men kom tillbaka "till sina gamla föräldrar" någon gång efter år 1805. Hon var då fördärvad av värk, men var trots det ett tag piga i Kvarkhult. Hon flyttade tillbaka till Vittaryd, år 1818. Hon gifte sig och bodde i backstugan Ryabacken i Stegaryd. Hon fick en son och de var utfattiga. Märta dog av andtäppa år 1827.

Erik föddes i Snickartorpet, han flyttade från Västra Skog år 1799 och den 10 november 1804 gifte han sig på Bolmsö. Erik dog i Bolmsö fattigstuga den 12 januari 1862.

Även **Peter** var född i Snickartorpet. Han var dräng i Kvarkhult något eller några år och var med i landvärnet. År 1809 kom han tillbaka till Västra Skog men återgick i krigstjänst den 25 mars 1810.

Vid Västra Skog syns tydliga rester efter en grund. Om detta är efter bostadshuset eller en annan byggnad är vi inte säkra på.

1819-1851

Västra Skog var nu ett torp. Nästa familj kom från Vittaryd. Jöns och Ingeborg hade gift sig i Bolmsö den 1 oktober 1803. De hade bott i Ärlebo men flyttat till Södra Torp, Vittaryd år 1809.

Jöns Andersson	f 1777-01-20 i Bolmsö
H Ingeborg Magnusdotter	f 1776-05-11 i Bolmsö
s Johannes	f 1804-11-26 i Vittaryd
d Stina	f 1808-09-22 i Tannåker
s Anders	f 1814-03-14 i Vittaryd
s Daniel	f 1819-12-23 i Vittaryd

Jöns och Ingeborg blev inhyses boende i Västra Skog då dottern Stina och hennes make, Andreas Persson, blev brukare, år 1834. När Stina och Andreas flyttade från torpet 1835 blev Jöns torpare igen. När så sonen Daniel tog över torpet år 1848 blev Jöns och hustrun åter inhyses boende.
Jöns föddes i Bjurka. Han dog den 21 juni 1851, ingen dödsorsak är angiven.
Ingeborg var född i Boo, Bolmsö, hon blev med tiden "ganska sjuklig och alldeles orkeslös". Hon dog tre månader efter maken, den 1 oktober 1851.
Johannes föddes i Hallabacken, Vittaryd. Han var, ett tag, sjuklig. Han flyttade tillbaka till Vittaryd år 1823. Johannes blev backstuguhjon i Jonsboda Östergård och blev änkling 1874. Han vistades sina sista år hos barn i Källeryd, Tannåker och i Angelstad. Han dog 1892 och begravdes i Angelstad.
Stina var född i Ärlebo, hon flyttade till Vittaryd 1823. Hon kom tillbaka hit för att gifta sig med Andreas som tog över torpet.
Anders var född i Södra Torp Hult, Vittaryd. År 1829 flyttade han till sin farbror Håkan i Lilla Husaby, Bolmsö där han blev dräng en tid.
Daniel var född i Södra Torp Hult, Vittaryd. Han blev dräng i Flahults Mellangård 1835 och efter några år flyttade han vidare till Östergård, för att år 1839 flytta till Vittaryd och så småningom till S. Unnaryd.

1834-1835

Andreas Persson	f 1811-08-05 i Tutaryd,
H Stina Jönsdotter	f 1808-02-23 i Tannåker

Andreas kom från Angelstad till Finnatorp som dräng 1832. Han hade "gerningsbrev" och hade blivit antagen som sockenskräddare i Tannåker, men han avsade sig detta när han gifte sig. Andreas blev brukare av torpet Västra Skog 1834.
Stina och Andreas gifte sig i Tannåker 1834. Hon var dotter till Jöns och Ingeborg som bodde inhyses i hennes familj.
Paret flyttade redan år 1835 till Bolmsö.

26

1848-1857

Nu kom Jöns och Ingeborgs son Daniel hem från Unnaryd och blev ny torpare. Han och Inga Maria gifte sig i Tannåker annandag jul år 1848.

Daniel Jönsson	f 1819-12-23 i Vittaryd
H Inga Maria Petersdotter	f 1818-12-01 i Ås
s Anders Johan	f 1850-10-23 i Tannåker

Om **Daniel** har prästen i Unnaryd antecknat i flyttningsattesten att han läste väl innantill och kunde lilla katekesen utantill. Han hade god frejd. Och var hinderslös för äktenskap.

Inga Maria föddes i Östra Öja. Hennes familj flyttade först till Bolmsö och sedan till Stora Muggebo i Tannåker. Pappan dog i slutet av februari 1827, han frös ihjäl på sjön Bolmen. Mamman flyttade då med barnen tillbaka till Bolmsö där de bodde i backstugan Hallabo. De var utfattiga och modern tiggde. År 1835 var Inga Maria piga i Angelstad men kom tillbaka till Bolmsö. Hon var piga i Sunnerö i nio år innan hon gifte sig med Daniel.

Anders Johan föddes i Västra Skog. Han dog den 13 oktober 1854 av rödsot. Samma månad dog två vuxna personer i Kvarkhult också av rödsot.

År 1857 flyttade Daniel och Inga Maria till torpet Dalen.

1893 - 1898

I husförhörslängderna finns inga boende inskrivna under åren 1857-1893 och torpet brukades till gården. Nu kom en ny familj till Västra Skog som åter blivit backstuga. Familjen kom i oktober år 1893 från en av gårdarna i Kvarkhult. Paret hade gift sig i juni 1873 och alla barnen var födda i Tannåker.

Johan Johannesson	f 1845-03-24 i Tannåker
H Kristina Andersdotter	f 1852-12-23 i Vittaryd
d Amanda Elise	f 1876-08-21 i Tannåker
d Teolinda Sofia	f 1879-11-26 i Tannåker
d Hanna Mathilda	f 1882-11-07 i Tannåker
s Axel Ivan Manfred	f 1885-03-30 i Tannåker
d Anna Ester Viktoria	f 1887-10-07 i Tannåker
d Ellen Emilia Ruth	f 1893-01-20 i Tannåker

Familjen flyttade till Ubbeboda i Vittaryd i oktober 1898.

27

Fadern **Johan** blev hemmansbrukare i Ubbeboda, han dog i februari år 1914 och modern **Kristina** dog år 1939. De är begravda på Vittaryds nya kyrkogård.

Amanda Elise och **Teolinda Sofia** flyttade till Danmark år 1893 respektive 1898. I juni år 1901 återkom flickorna till Sverige och Ubbeboda för att ordna sitt dubbelbröllop, de återvände till Danmark året därpå. Amanda Elise gifte sig med Johan Edvard Petersson från Elmenäs, Elmås och Teolinda Sofias man var stenarbetare från Näsum i Skåne.

Hanna Matilda gifte sig år 1907 med Ernst Malkolm Andersson i Åbjörnabo, de flyttade till Danmark samma år. De återvände till Sverige i maj år 1915 och bosatte sig i Hult. De hade en dotter Elsa Tyra Kristina (gift Svensson i Hånger 1945) och en son Arthur Manfred Valdemar (gift 1943, bodde kvar i Hult). Båda var födda i Köpenhamn och år 1917 föddes dottern Astrid Gudrun Vega i Vittaryd (gift Sandahl 1941). Hanna Matilda dog i Lagan 1967, hon hade blivit änka 1939.

Axel Ivan Manfred reste till Amerika i mars 1910.

Anna Ester Viktoria flyttade till Karlshamn i januari 1912. Hon hade gift sig någon månad tidigare med Helmert Waldemar Karlsson från Guddarp Norregård, hon dog 1958 i Helsingborg.

Ellen Emilia Rut gifte sig år 1914 och hon och hennes man Justus Emil Petersson blev ägare till 1/16 mantal Ubbeboda. De fick bland annat dottern Vera Tekla Martina i september 1915. Ellen Emilia Rut dog redan år 1925, hon var då änka. Maken hade dött tidigare samma år av tuberkulos i njurarna .

Efter 1898 fanns ingen boende på Västra Skog.

Flahult

Flahult har varit bebott sedan urminnes tider. Det vittnar en del fornminnen om, bland annat gravrösen. Något av dem grävdes ut på 1800-talet. Tannåkers högsta punkt ligger i Flahult, ungefär 205 meter över havet. För drygt hundra år sedan när här fanns mest ljunghedar kunde man från Flahult se sex till åtta kyrktorn. I Flahult fanns gårdarna Backegård, Västergård, Mellangård och Östergård. Här har funnits cirka femton torp och backstugor samt ett soldattorp.

Backegård

Backegård bestod tidigare av fem gårdar. Alla fem låg före Laga Skifte tätt intill varandra. Vid skiftet flyttades en gård till Norra Hult, en till Åsen, en lite norr ut och en mot sydväst. En av hemmansägarna fick ha kvar sina byggnader på den ursprungliga platsen. På Backegårds ägor fanns två torp, Hyttet och Åsen.

Hyttet 1778 -1860

Hitta hit (se karta 1): Hyttet låg där Norra Hult ligger i dag. Från Flahultsvägen, kör du mot Norra Hult. På höger sida vid åkerkanten, strax innan backen upp till nuvarande hus, har backstugan Hyttet legat. Vi satte upp en skylt i ett stenröse. Nordost om ligger ett litet garage och en ladugårdsgrund finns ca 30 meter öster om skylten. Enligt gamla kartor ska stugan ha stått ungefär där vi placerat skylten.
Torpet har i husförhörslängderna även kallats Hyltet.
GPS skylt: N 56.9740°, E 13.8358°
GPS ladugård: N 56.9741°, E 13.8362°

Vi vet att den 18 april år 1778 föddes **Jöns** i Hyttet. Han var oäkta son till **Märta Bengtsdotter** som bodde här. Jöns dog i Hyttet den 20 juli samma år av okänd sjukdom.
När husförhörslängderna började föras år 1789 fanns nybygget Hyttet. Några år senare kallades huset bara Hyttet för att omkring år 1821 bli ett torp. Ungefär år 1835 blev Hyttet åter en backstuga.

1791-1802
De första som är antecknade här är en änka och hennes sons familj.

Ä Kerstin Karlsdotter	f 1729
M Karl Petersson	f 1763-11-06 i Vittaryd
H Märta Eriksdotter	f 1767-06 i Bolmsö

d Stina	f 1791-12-28 i Hyttet
d Ingrid	f 1794-12-18 i Hyttet
s Peter	f 1797-09-09 i Hyttet

Kerstin var änka efter ryttaren Peter Apelgren (Larsson). De bodde i Hyltatorp, Vittaryd år 1763, men han blev år 1764 ryttare för KvarkhultNo96, Ärlebo och hade dött 1789. I samband med sonen Karls giftermål flyttade Kerstin och Karls familj hit till Hyttet. Kerstin dog någon gång efter 1794.

Karl var son till Kerstin, han står som torpare, kanske var Hyttet ett torp redan nu. Karl kom från Ärlebo och gifte sig med Märta i januari 1791. Familjen bodde först i Hyttet men flyttade till Sandvik, Sunnaryd 1802. Där föddes fyra barn till. När hustrun dött flyttade han med en av döttrarna till Skeda. Han hade då börjat bli bräcklig.

Karls hustru **Märta** var född i Skomakartorpet i Sunnaryd. Hon var född vid pingst och döptes 3:e dag pingst, den 9 juni. Märta dog i Sunnaryd den 3 april 1820 av moderpassion.

Stina gifte sig i Bolmsö den 17 november 1819 med änkemannen och bonden Anders Persson i Sporda. De bodde några år i Skeda, Bolmsö sedan i Jonsboda, Vittaryd för att åter flytta till Bolmsö 1834.

Ingrid gifte sig den 24 juni 1827 i Bolmsö. Hennes man hette Johannes Larsson och han var tjänstedräng i Toftnäs.

Peter gifte sig i november1822 med Stina Eriksdotter och bodde kvar i torpet Sandvik med sin familj. Peter blev änkling 1860 och han dog i Toftnäs den 2 november 1881 av ålderdomssvaghet.

Här bodde under denna tid också inhyses **Lena Karlsdotter**. Hon var född 1732 och flyttade år 1794 till Värnamo. Hon kanske var syster till änkan Kerstin.

1803 - 1805

Nästa familj som bodde här kom från Grannahult (Hästhagen). De hade tidigare bott i Skinnebo soldattorp, Bolmsö, där de varit torpare.

Gustav Persson	f 1737-05 i Bolmsö
H Märta Jönsdotter	f 1740
s Per	f 1788-08-21 i Bolmsö

Gustav var född i början av maj månad i Brotorpet, Bolmsö. Han dog i Flahults soldattorp den 19 april 1810 av ålderdomsbräcklighet, han hade innan dess flyttat runt och bott i backstugan utan namn under Flahult Västergård och i Ärnanäs en kort tid.

Märta dog av bröstfeber i Ärlebo den 22 april 1804 enligt död och begravningsboken. Enligt husförhörsboken dog hon i Hyttet, de bodde aldrig i Ärlebo.

Per föddes i Skinnebo soldattorp i Bolmsö.

Den 28 januari 1803 föddes **Peter Anderssons** och hustrun **Catrina Bengtsdotters** dotter **Britta-Stina** i Hyttet. Denna familj har vi inte funnit i husförhörslängderna.

1802-1841

En annan familj kom till Hyttet och Tannåker omkring 1802. Föräldrarna hade vigts i oktober 1795 i Ljungby.

Börje Jönsson	f 1767-06-12 i Berga
H Britta Arvidsdotter	f 1766-10 i Ljungby
s Gustav	f 1796-03-30 i Ljungby
s Sven	f 1801-04-25 i Ljungby
d Märta	f 1804-04-26 i Hyttet
Ä Sigrid Arvidsdotter	f 1744

Börje blev fördärvad i högra armen och kunde så småningom inte arbeta och betala skatt. När dottern Märta gifte sig och flyttade in i Hyttet med maken Knut blev Börje och Britta inhyses boende, de var då ofärdiga o orkeslösa. Börje dog den 10 april 1841.

Britta föddes i Eka, Ljungby, hon döptes den 5 oktober. Britta blev blind och prästen har antecknat: "vanför" på henne. Hon dog den 12 november 1841.

Gustav föddes i Tofta, Ljungby. Han flyttade till Berga år 1812.

Sven föddes i Tofta, Ljungby. Han var dräng i Vittaryd i 15-årsåldern men kom tillbaka till föräldrarna. Han var då "bräcklig och till arbete oförmögen". Sven dog i Hyttet den 23 juli 1819, han hade fått "vattensot eller ont sår".

Märta blev piga på två gårdar i Vittaryd innan hon blev piga hos klockare Petersson i Flahults Backegård. Hon gifte sig och flyttade hem till Hyttet med maken Knut.

Sigrid var änka och kanske en syster till Britta. Hon var utfattig och bodde här perioden 1815-1826.

Erik och Thure ser till att skylten vid Hyttet sitter som den ska.

1834-1861

Börjes och Brittas dotter Märta flyttade in i Hyttet med maken Knut. Vid Laga Skifte i Flahult år 1842 flyttade en av Backegårdsbönderna, sina byggnader till Hyttet och började bruka jorden.

Knut Andersson	f 1795-06-04 i Vittaryd,
H1 Märta Börjesdotter	f 1804-04-26 i Tannåker
H2 Stina Abrahamsdotter	f 1807-07-17 i Tannåker
d Anna Stina	f 1836-04-14 i Hyttet

Knut var född i Ryssebo, Vittaryd. Han var vanför, ofärdig och krympling, dessutom var han utfattig och fattighjon Han kom från Ryssebo till Tannåker i samband med att han gifte sig den 2 november 1834 med dottern Märta i Hyttet. När Märta dött gifte Knut om sig med Stina från backstugan Gatan. Knut var ett av de fattighjon som fick mest hjälp från fattigkassan.

Märta var dotter i backstugan Hyttet. När hon gifte sig med Knut bosatte de sig i Hyttet hos hennes gamla föräldrar. Märta stod som brukare av torpet, men blev efterhand sjuklig och "saknade arbetsförmåga att sig försörja". Fattigvårdsstyrelsen anskaffade 1859 en sjuksköterska till Märta, vilken betalades av fattigkassan. Fattighjonet Märta Börjesdotter dog den 29 november 1859 i Hyttet, fattigkassan betalade likkistan. Auktionen år 1860 efter Märta inbringade 9.16 Riksdaler Riksmynt till fattigkassan.

Knuts andra hustru **Stina** var född i Flahults backstuga, Gatan, hon var oäkta dotter till Beata på Gatan. Hon var fattighjon och bodde ensam kvar på Gatan efter moderns död 1856. Den 16 november 1860 gifte hon sig med änklingen i Hyttet, Knut Andersson, och flyttade till honom, hon var då 53 år. **Anna Stina** var dotter till Knut och Märta. Anna Stina fick mässling när hon var en månad gammal och dog av det den 18 maj 1836. Någon gång mellan 1861-1865 flyttade Knut och Stina från Hyttet. De flyttade till ett torp under Flahult Mellangård som kallades Hultet. De bodde sedan på Hultet tills de dog. Från början på 1860-talet har det inte bott någon i Hyttet. Svea Karlsson på Norra Hult berättade att det stått en "fattigstuga" där garaget nu finns. Vi vet inte vem som berättat för henne, hennes svärfars föräldrar kom till Norra Hult år 1883. Med fattigstuga kanske menats att det bodde fattiga där. Huset som finns på Norra Hult i dag transporterades omkring 1888 från Vallsnäs i S Unnaryd och har sedan byggts till på platsen.

Åsen 1799-1853

Hitta hit (se karta 4): Kör från Flahult mot Roen. Strax innan Roen sväng vänster. Kör tills vägen tar slut. Strax efter nuvarande trädgård, i hagen, finns en uthusgrund och rester av en mindre byggnad. Det finns också tydliga stenar efter en grund i nuvarande trädgård samt gamla äppelträd och en jordkällare.
GPS husrester: N 56.9669°, E 13.8309°
GPS jordkällare: N 56.9667°, E 13.8308°

1799 -1821
De första boende vi har hittat i denna backstuga kom hit från en av Backegårdarna år 1799. De hade lämnat över gården till en son och hans hustru. De blev inhyses boende i backstugan som kanske byggdes för deras räkning när de flyttade från gården. Stugan hade från början inte något namn i husförhörslängderna.

Anders Gustavsson	f 1743-10 i Tannåker
H Kristina Eleonora Palmelöf	f 1743-09-02 i Bolmsö
dd Stina Jönsdotter	f 1796-10-24 i Ljungby
dd Johanna Jönsdotter	f 1802-01-25 i Ljungby
dd Katarina Jönsdotter	f 1805-01-08 i Ljungby

Anders var född i Kvarkhult. Han gifte sig med jungfrun Kristina Eleonora i Bolmsö den 11 november 1767. Han var, efter flytten till backstugan, fortfarande arbetsför. Inhysemannen Anders Gustavsson dog den 6 mars 1807 av bröstfeber.

Kristina Eleonora (kallades Stina Nora) var dotter till komminister Petri Palmlöf och hans hustru Anna Maria Blom i Bolmsö. Hon föddes "kl. 4 om morgonen". Stina Nora Palmelöf dog i Flahults backstuga den 2 september 1818, hon var "aldeles utfattig,"

Anders och Kristina hade en dotter som hette Maria "Maja". Hon hade gift sig i Tannåker 1796 med soldat Jöns Sabel från Hjälmaryd, Ljungby. De fick fyra döttrar, Stina 1796, Lisa 1799, Johanna 1802 och Katarina 1805, alla födda i Hjälmaryds torp, Ljungby. Jöns drunknade i Lagaån i januari 1806 och Maria flyttade efter det med barnen från Hjälmaryd till Källebacken, Tannåker 1807. Maria dog av lungsot i Källebacken den 12 juni 1812. Tre av hennes döttrar kom då till mormor och morfar.

Dotterdottern **Stina** hade varit piga i Västerås, Bolmsö och kom därifrån. Hon blev år 1813 piga i Möcklagård, Bolmsö.

Dotterdottern **Johanna** gifte sig med Peter Spjuts son Erik på Åsen.

Dotterdottern **Katarina** var utfattig

1823-1845
Nu kallades backstugan för Åsen. Om detta var den gamla backstugan eller en ny vet vi inte. Kanske renoverade man bara den gamla byggnaden. Klart är i alla fall att det kom hit en ny familj år 1823. Det står i husförhörslängden att de flyttade till nybygget under Flahults Backegård, Åsen

Peter Spjut	f 1773
H Elin Eriksdotter	f 1776
s Erik Petersson	f 1805-07-07 i Tannåker
d Katarina	f 1812-01-05 i Tannåker
s Johannes	f 1816-01-21 i Tannåker

Peter hade varit soldat på Flahults soldattorp, han hette från början Andersson. Vid generalmönstringen i Skillingaryd i juni 1822 fick han avsked och fick då inte bo kvar på soldattorpet. Peter dog på Åsen i lungsot den 20 februari 1828. När han dog hade han en ko, ett får och en getkidde.

Här finns tydliga rester efter en grund. Vilken sorts hus som legat här vet vi inte.

Elin var fattighjon de sista åren före sin död den 8 juli 1845 på Åsen. Hon bodde kvar hos sonen Erik.

Erik föddes på Flahults soldattorp, han var ett tag i Voxtorp och tog 1829 över torpet efter föräldrarna. Han gifte sig med Johanna som tidigare bott på Åsen.

Katarina föddes på Flahults soldattorp. Katarina dog när hon var 31 år gammal. Hon hade gastrisk feber (inflammation i magsäcken).

Johannes föddes i Flahults soldattorp. Han gifte sig i Ryssby den 21 december 1845. Hans hustru Anna Maria Andersdotter dog 1864 och Johannes flyttade med sina tre barn till torpet Haganäs, Bolmsö. Han gifte om sig i maj 1866 med Ingrid Katarina Karlsdotter. Johannes dog i Bolmsö den 7 maj 1902. Han dog av ålderdom.

1833-1853
Åsen var backstuga när Erik tog över men blev under hans tid ett torp.

Erik Petersson	f 1805-07-07 i Tannåker
H Johanna Jönsdotter	f 1802-01-25 i Ljungby
d Anna Stina	f 1834-07-28 i Tannåker
s Peter	f 1836-09-22 i Tannåker
s Johannes	f 1843-07-16 i Tannåker

Erik hade tagit över efter föräldrarna som brukare av torpet när han flyttat hem från Voxtorp 1829. Prästen har med darrig hand 1834 skrivit i vigselboken: "Junii 24 Dr Erik Petersson på Åsen och Pigan Stina Jönsdotter ifrån Ferle." Han måste ha förväxlat systrarna för det var Johanna Jönsdotter som blev Eriks hustru och mor till barnen. Erik dog den 25 januari 1844 av lungsot. Han var 49 år.

Johanna var född i Ljungby socken och hade vuxit upp hos sina morföräldrar i backstugan här. Hon kom nu hit från Simmarp, Vittaryd 1833. Den yngste sonen var bara 6 månader när hon blev änka. När maken dog blev hon brukare men sedan brukades torpet till gården. Johanna fanns i en av de ständiga klasserna för fattigunderstöd och måste då lämna allt hon ägde till fattigvården. Hon vägrade detta och uteslöts en tid från sin klass. Den 8 september 1853 dog änkan och fattighjonet Johanna på Åsen, 52 år gammal.

Anna Stina föddes på Åsen, hon blev piga i Flahult Östergård när hon var 17 år. Efter ett år där hade hon pigplatser i Skällandsö och Sunnerö. År 1855 flyttade hon till Bolmsö. Anna Stina gifte sig den 25 oktober 1859 med soldaten Johan Gran från Södra Unnaryd och de bosatte sig där. De var först ägare av 1/8 mantal men blev inhyses boende innan de 1867 flyttade därifrån för att bo i en backstuga. I juni 1882 gav de upp livet i Sverige och hela familjen gav sig iväg till Stanton, Amerika.

Peter föddes på Åsen. När modern dött 1853 flyttade han till en drängplats på Roen. Efter ett år flyttade han vidare till Vittaryd. Torparen Peter Eriksson gifte sig i Angelstad i slutet av år 1864 med Eva Maria Svensdotter. År 1880 var Peter jordtorpare i Bräkentorp. När Peter dog den 16 oktober 1890 bodde familjen i Gnustorp Tutaryd. Han dog på lasarettet i Ljungby och är begravd i Ljungby.

Johannes föddes på Åsen. Han var tio år när modern dog och flyttades till fattigstugan. Han bortackorderades till Anders Peter Svensson i Flahults Backegård år 1856. (Mer information om Anders Peter Svensson finns under Mellangårds backstuga). Fattigkassan betalade en tunna havre och en tunna korn "på ett års tid till föda och vård". Han fick kläder av fattigkassan år 1857, ett par skor, en tröja och ett par byxor i grått vadmal. År 1858 konfirmerades han och i oktober samma år flyttade även han till Vittaryd. Han blev dräng, först i Gylteboda några år, sedan i Simmarp. Därefter blev det många bostadsplatser. Många unga män stannade inte så länge på varje drängplats. De kanske inte var nöjda med platsen eller kanske arbetsgivaren var missnöjd med drängen.

Här har funnits någon typ av byggnad. Den var ungefär 3 x 4 meter invändigt. Murarna som är kvar är drygt en meter höga.

En gammal jordkällare som kanske fanns när Peter Spjut och Elin Eriksdotter bodde här.

Johannes fortsatte emellertid att flytta även sedan han gift sig. Han hade nog svårt att rota sig någonstans. År 1862 gick färden till Angelstad där han var dräng i prästgården ett år innan han flyttade tillbaka till Vittaryd och sedan till Ljungby 1864. År 1867 begärde han äktenskapsattest till Berga och gifte sig där den 4 maj. Han gifte sig med Britta Maria Svensdotter som arbetat på samma ställe i Ljungby som Johannes. De bodde det första året hos hennes föräldrar men flyttade sedan till Marås, Ljungby och vidare till torpet Staffansboda under Bräkentorp 1870. De fick åtta barn. De bodde i Bräkentorp till 1887 då de flyttade åter till Ljungby och Replösa. Här arrenderade de ett grenadjärtorp. År 1894 gick flyttlasset igen, nu till Berga. Lägenhetsägaren Johannes Eriksson dog i Östratorp, Fallnaveka den 12 juni 1922. Han hade åderförkalkning och hjärtfel. Johannes och hustrun är begravda i Tutaryd

Efter 1847 brukades torpet till gården och efter 1853 nämns inte torpet Åsen i husförhörslängden.

Västergård

I Flahult Västergård ingick tidigare Västergård och Uppgår'n. Nu är gården uppdelad i Norregård, två Västergårdar och Södergård. Här fanns Flahults soldattorp, som kallades Kullen, samt torpen Perstorp, Hallavad och en backstuga utan namn.

Soldattorp No 35, Kullen 1686-1885

Hitta hit (se karta 2 och 3): På östra sidan om husen i Flahult Södergård går en väg mot söder in i skogen. Följ den drygt 350 meter, vik sedan höger in över en äng. Bortom ängen finns rester av hus. Skylten står där bostadshuset fanns. Här finns äppelträd och nere i sänkan finns en brunn. Öster om torpet låg ladugården. Resterna av grunden stämmer bra med de mått som rekommenderades för ladugårdar vid soldattorpen.

GPS skylten: N 56.967017°, E 13.812850°

GPS ladugård: N 56.966783°, E 13.813533°

Flahults soldattorp har hört till både Västergård och Östergård men ibland bara Västergård. Soldaterna tjänade vid Östbo kompani. Genom att titta i gamla mönstringsrullor har vi kunnat spåra soldater på detta torp långt tillbaka.

Eftersom husförhörslängder i Tannåker började föras först 1789 vet vi inte med säkerhet att de första soldaterna bodde i soldattorpet. Under många år var Sverige i ständiga krig. Många soldater stupade men de flesta dog i sjukdomar när de var kommenderade.

Torpsyner i soldattorpet Kullen

In- och utflyttning i soldattorpen skedde vanligen i mars. Då skulle torpet inspekteras. Dessutom gjordes "syn" vart tredje år, även om samme soldat bodde kvar.

1868 var stugan utan anmärkning, så när som på torvtaket som skulle förses med ribb senast den 1 november. Ladugårdstaket skulle täckas om till den 1 juli året därpå. För övrigt var husen i gott stånd. En nummertavla borde anskaffas. Nummertavlan skulle sitta utvändigt på husets ena gavel.

1873 var taket på stugan reparerat. Ett fönster behövde bytas och de övriga skulle repareras. Bakugnen behövde förses med ram och dörr. Ladugårdens tak var ännu inte åtgärdat. Ett skjul för förvaring av redskap borde uppföras. Allt till den 1 oktober.

1876 Tydligen hade inte mycket skett sedan senaste synen. Stugans fönster var inte åtgärdade och ladugården behövde ny halm på taket och ny ryggning.

1879 En del av golvet närmast dörren i stugan behövde läggas om. Skötseln av jordbruket var god.

1882 Fönstren hade fortfarande inte reparerats.

1885 Nu var soldattorpet utan soldat. Stugan behövde nya golvtiljor i köket och båda sidofönstren var odugliga och skulle bytas senast den 1 oktober 1886. Ladugården behövde ny ryggning före 1 oktober 1886. Skötseln av jordbruket var fortfarande oklanderlig.

1686 - 1696

Vi vet att **Anders Jonsson** var soldat för roten år 1686, förmodligen blev han soldat redan år 1676 (rotesystemet startade 1686). År 1696 fick han avsked med underhåll, han var "gammal och oduglig". Anders hade en son som hette Swen, han dog den 7 maj 1691 och begravdes på Tannåkers kyrkogård.

1696- 1715

Nu kom en ny soldat som hette **Bengt Jönsson**. Vi vet inte säkert hur länge han stannade.

År 1706 fanns här en soldat som hette **Jöns** och hans hustru Margareta Andersdotter. Deras dotter Anna föddes i soldattorpet den 6 december 1706.
Nils Flaberg (f cirka 1682) var soldat för roten men vi vet inte säkert att han bodde här. Antagligen tog han namnet Flaberg efter Flahult. Han begravdes den 20 november 1710, 28 år gammal. Varken Jöns eller Nils finns med, för denna rote, i Generalmönsterrullorna.

1717-1718
Nästa soldat var **Johan Svensson** som var 18 år när han kom. Dagen före julafton år 1718 dog Johan, han dog antagligen inte här. Det är möjligt att han var med Karl XII i Norge. Roten hade också en 17-årig varjeringskarl.

1721-1752
Roten hade blivit utan soldat men rotebönderna rekryterade sin varjeringskarl, som kom hit med hustru, antagligen år 1721.

Bengt Mårtensson	f 1699-01 i Bolmsö
H Kerstin Persdotter	f 1688-09-13 i Tannåker
Per	f 1726-11 i Tannåker
Kerstin Månsdotter	f 1660 cirka

Bengt föddes i Bjernaryd, Bolmsö. Han blev så småningom soldat Ljungkvist. Bengt Ljungkvist var kommenderad i Finland, där Sverige stred mot Ryssland. Han blev sjuk i Finland men tillfriskande och återkom till Flahult. Roten blev vakant den 1 september 1752, av vilken orsak vet vi ej. Bengt dog i Tanseryd den 14 juli 1757 av huvudsjuka.
Kerstin föddes i Roen. Hon dog i slutet av oktober år 1746.
Per föddes i Flahults soldattorp, han döptes den 20 november 1726.
Kerstin var änka och mor till Bengt. Hon dog här i soldattorpet i maj 1738. Hon blev 78 år.

1753-1763
Den 10 februari 1753 blev **Måns Ljungkvist** soldat här, han bodde i soldattorpet med hustrun och barn. Han fick avsked den 17 januari 1763 och roten var åter vakant. Vi vet inte vem hustrun var, men de hade en son.

s Bengt	f 1759

Bengt var antagligen född i februari. Han dog den 29 oktober 1759 av "huvudsjuka" när han var 8 månader och 2 veckor gammal.

1765-1769

Nu hade Flahult en soldat som hette **Jakob Ljung** men som också kallades Ljungkvist. Den 24/1 1766 fick Jakob Ljungkvist och hustrun Sara en son som hette Anders. Jakob blev år 1769 arresterad för stöld och sedan dömd till slaveri. Roten var efter år 1769 utan soldat några år.

1776-1783

Efter sju år fick roten den 3 april 1776 tag i en ny soldat.

Sven Hult	f 1744 cirka
H Maria Karlsdotter	
s Jöns	f 1777-12-15 i Tannåker
d Märta	f 1780-11-03 i Tannåker

Sven var 5 fot 9 ¼ tum (171 cm) lång. Under Svens soldattid här var Sverige inte i krig. Han var en tid kommenderad till Varberg. Sven dog den 4 juli 1783.

1783 - 1790

I september 1783 kom en soldat som hette Nils Brun. Han bodde på soldattorpet med hustru och en son.

Nils Bruhn	f 1760-talet
H Majka Jönsson	f 1743
s Joseph	f 1784

Nils var 5 fot 9 tum (171 cm) lång. Han var kommenderad på örlogsflottan år 1789 och var med i Finland. Nils dog den 28 januari 1790, antingen av sjukdom eller av skador från striderna. I en veckorapport från kriget den 31 januari 1790 kan man läsa att han "tillsjuknat" i veckan som gått och lite längre ner finns han med bland dem som avlidit på Emile eller St Michels sjukhus. Under 1788-1790 års krig hade den svenska kanonslupflottiljen på sjön Saimen sin huvudstation nära slottet Brahelinna.

1790 - 1795

Den 27 maj 1790 skaffade roten en ny man som fick tjäna som soldat.

Soldat Per Lundberg	f cirka 1760

H Katarina Jonasdotter	f 1741
d Maria	f 1779

Per var 5fot och 5tum (161 cm) lång. När Per skulle mönstras år 1793 uppges det att han var 30 år gammal. Han blev inte godkänd och fick avsked, han var undermålig och oduglig. Paret Lundberg flyttade till Lövenhus, Husaby, Bolmsö 1795. Per Lundberg återkom senare med familjen till Tannåker och backstugan Lugnet.
Katarina fick bröstfeber och dog i Bolmsö den 18 juni 1804.
Maria flyttade till Bolmsö 1794.

Samtidigt bodde också två andra personer här under en period.

Gossen Joseph Nilsson	f 1784
Kerstin Nilsdotter	f 1705 flyttade under perioden.

1795
Rotebönderna var tvungna att betala en avgift till Kungliga Statskontoret om de saknade soldat. Bönderna var därför angelägna om att hitta en ersättare på torpet. I brist på soldat lät man andra bo här för att bruka torpet.
En familj som bodde här en kort period var Nils Jakobsson med hustru Ingegerd Larsdotter och fyra barn. Nils och Ingegerd hade gift sig i Tannåker den 27 juni 1779 och kom nu hit från Bolmsö.

Nils Jakobsson	f 1755-11-28
H Ingegerd Larsdotter	f 1759-01-18 i Tannåker
s Lars	f 1784-01-16
s Peter	f 1787-02-06
d Katarina	f 1788
d Ingeborg	f 1795-01-02 i Bolmsö

Familjen hade bott i Stora Hov Bolmsö 1792-1795. De stannade i Flahult ett år och flyttade sedan till Ularp i Angelstad.
Nils kom från Hölminge när de gifte sig. När hustrun dött i Ularp flyttade han till Odensjö 1818. Han gifte om sig där när han var 75 år, hans nya hustru var då 26 år gammal. Nils dog i Odensjö den 19 maj 1839.
Ingegerd kom från Sunnerö Södergård när de gifte sig. Hon var tvillingsyster till Peter i Sunnerö och syster till Jonas i Tjust, Bolmsö och Germund i Husaby, Bolmsö. Hon dog av torrvärk i Ularp den 7 januari 1817, hon blev 58 år gammal.

42

Lars blev hemmansbrukare i Verset, Angelstad. Han dog där av "allehanda feber" den 30 april 1812, 28 år gammal.
Peter vistades en del på Växjö lasarett år 1812. Han var sjuklig och plågad av värk. Han dog i Ularp av vattusot, den 27 augusti 1814, Han blev 26 år.
Katarina dog i Ularp när hon var 17 år, den 26 juni 1806.
Ingeborg föddes i Stora Hov Bolmsö strax innan familjen kom till Flahult. Hon följde med familjen till Angelstad och flyttade till Jakobsgård år 1812 där hon gifte sig med Johannes Andersson. De bosatte sig i Ularp och hon dog där den 9 september 1852.

1796-1802
I årsskiftet 1795/1796 kom Zakarias Persson med familj. De kom från Flahult Västergård där han varit hemmansbrukare, här blev han torpare.

Zakarias Persson	f 1754
H Kerstin Svensdotter	f 1763
s Peter	f 1781-04-29 i Tannåker
d Elin	f 1784-01-30 i Tannåker
s Bengt	f 1788-02-26 i Tannåker
s Erik	f 1790-04-05 i Tannåker
s Sven	f 1798-01-07 i Tannåker
s Johannes	f 1801-07-14 i Tannåker

Zakarias hade blivit änkling år 1791 och var då ensam med fyra barn mellan 1 och 10 år. Han gifte om sig den 6 april 1792 med Kerstin. Zakarias dog den 31 maj 1802.
Kerstin fanns 1824-1828 i sonen Svens familj i Ärlebo.
Peter var född på Älgdjurastocks torp men införd i Tannåkers födelsebok.
Elin föddes i Flahult Västergård. Hon gifte sig med soldaten Johannes Pistol. De bodde sina sista år i torpet Sörskog. Elin dog 1846.
Bengt föddes i Flahult Västergård. Han blev soldat Bengt Holm och gifte sig med Stina Germundsdotter. Han dog i Flahult Västergård 1859 där han bodde inhyses.
Sven föddes på Flahults soldattorp. Sven var ett tag dräng hos sin bror Bengt. Han gifte sig i Vittaryd 1824 och blev då torpare i Ärlebo.
Johannes föddes i Flahults soldattorp.
Familjen flyttade från torpet till Angelstad år 1802.

1801-1823
När roten åter hittat en soldat flyttade Zakarias familj.

Peter Spjut	f 1773-08
H Elin Eriksdotter	f 1776
s Anders Peter	f 1802-12-11 i Tannåker
s Erik	f 1805-07-07 i Tannåker
d Anna	f 1808-11-23 i Tannåker
d Katarina	f 1812-01-05 i Tannåker
s Johannes	f 1816-01-21 i Tannåker

Peter antogs som soldat den 13 april år 1801. Han var 5 fot, 10 tum (173 cm), vid andra tillfällen var han 169 cm, lång och hette från början Andersson. Spjut var kommenderad vid flera tillfällen, bland annat år 1808. Vid mönstringen den 27 juni 1822 fick han avsked. "SoldatenNo35 Spjut av Kungliga Jönköpings regemente Östbo kompani har en sjuklig och svag kroppsbyggnad samt avbrutit vänstra benet som gör honom oförmögen till krigstjänst, vilket jag på min ämbetsed intygar. Skillingaryd d 27 juni 1822. / BrigadeLäkaren".
Elin och Peter flyttade med några av barnen till nybygget under Flahults Backegård, Åsen år 1823.
Anders Peter flyttade till Skåne 1819.
Erik flyttade till Tånnö 1820, han var ett tag i Voxtorp och återvände sedan till föräldrarna på Åsen.
Anna flyttade till Färle 1823. Hon gifte sig år 1840 med, Peter Eriksson, son till brukaren av detta soldattorp och kom då tillbaka hit.
Katarina och **Johannes** föddes i Flahults soldattorp och flyttade med föräldrarna till Åsen.

Här bodde samtidigt inhyses
Gustav Persson   f 1737-05 i Bolmsö
Gustav hade bott med hustrun i Hyttet och blivit änkling 1804. Han hade efter det flyttat runt och bott i backstugan utan namn under Flahult Västergård och i Ärnanäs en kort tid innan han kom hit. Han dog i Flahults soldattorp den 19 april 1810 av ålderdomsbräcklighet.

1822-1847
Från Angelstad kom så soldaten Gustav Spjut.

Gustav SpjutNo35	f 1800-08-26 i Angelstad
H Maria Andersdotter	f 1788-11-05 i Tannåker

Precis intill där soldattorpet fanns växer denna rosbuske.

I bortre kanten av fotot syns tydligt hörnet av det som troligen är ladugårdsgrunden vid Kullen.(stenraderna bakom den inritade linjen)

d Katarina   f 1838-03-22 i Tannåker

Gustav Eriksson antogs som soldat den 14 oktober år 1822 och fick soldatnamnet Spjut. Han var 5 fot, 8 tum (168 cm) lång. Han var ogift när han tillträdde, men gifte sig i Tannåker den 7 december 1823. Gustav begärde att få avsked vid mönstringen i juni år 1850 "med anmälan om underhåll på expectans". (Det fanns pengar till underhåll för ett visst antal soldater. Han fick stå på väntelista tills någon av underhållstagarna dog) Han var nu 50 år och hade "Tjent utmärkt väl". Familjen flyttade år 1847 till Lundåkers torp.

Maria var född i Grannahult (Hästhagen) men flyttade med far och mor till Lundåkers torp när hon var liten. Pappan var bräcklig och fattig, han dog 1835. Modern blev blind, hon dog 1847.

Katarina var enligt födelseboken född i ett torp under Tannåkers Skattegård men familjen bodde, enligt husförhörsboken, i Flahults soldattorp. Det kan vara så att Maria valde att föda hos sin mor i Lundåkers Torp som låg under Tannåkers Skattegård. Katarina Spjut blev lärarinna och undervisade i Tannåkers småskola 1861-1873. Hon var även lärare i folkskolan 1866-1867. Hon flyttade till Kärda 1873 och vidare till Järsnäs år 1879. Hon förblev ogift och arbetade som lärare tills hon pensionerades. Katarina Spjut dog av ålderdomsavtyning i Järsnäs den 26 januari 1921. Hon har sin grav på Järsnäs kyrkogård.

1823 - 1852
Från Södra Tanseryd kom nu en familj som hade varit brukare åt dragonen Svärd. Även här i Flahult skulle de bruka soldattorpet.

Erik Svensson   f 1773-04-08 i Tannåker
H Ingegerd Petersdotter   f 1774-02-06 i Dannäs
s Peter   f 1806-03-12 i Angelstad

Erik föddes i Södra Tanseryd. Han blev med åren bräcklig och familjen blev fattighjon.
Ingegerd blev, även hon, bräcklig.
Peter föddes i Hagatorpet, Angelstad. Han betecknades, av prästen, som klen och ofärdig. Han hade flyttat från Tanseryd men återkom till föräldrarna här i Flahult, gifte sig år 1840 och övertog bruket av soldattorpet.

När föräldrarna inte orkade sköta torpet längre blev de inhyses boende. När sedan sonen Peter flyttade till torpet Perstorp år 1852 flyttade föräldrarna med dit.

1841 - 1852

Den 27 oktober 1840 gifte sig sonen Peter i Roen under flera ojäviga vittnens närvaro. Hans hustru Anna blev brukare av soldattorpet medan Peter betecknades som inhyses boende.

Peter Eriksson	f 1806-03-12 i Angelstad
H Anna Petersdotter	f 1808-11-23 i Tannåker
d Katarina	f 1841-12-08 i Tannåker
s Emanuel	f 1845-11-21 i Tannåker

Peter: Det angavs så småningom att Peter var krympling. Trots sina kroppsliga hinder åtog han sig att brädfordra sockenstugan år 1852. För detta fick han 24 Shilling Banco per dag.

Anna föddes i Flahults soldattorp, hon var dotter till soldaten Peter Spjut och hans hustru Elin Eriksdotter.

Katarina och **Emanuel** föddes i Flahults soldattorp.

Familjen flyttade till torpet Perstorp 1852.

1853-1885

Nu kom en ny soldatfamilj från Bolmsö.

Nils Peter Hult	f 1833-07-10 i Bolmsö
H Märta Katarina Eliasdotter	f 1822-05-01 i Bolmsö
d Anna Maria	f 1855-06-17 i Tannåker
d Inga Stina	f 1857-04-13 i Tannåker
s Johan August	f 1865-07-22 i Tannåker

Nils Peter Petersson var son till soldaten Peter March och Gunnil Germundsdotter i Åsatorp Bolmsö. Han fick soldatnamnet Hult, var 5 fot, 10 ½ (174 cm) lång och antogs som soldat den 12 oktober år 1850. Han kom från Sörskog Österås. År 1871 skrevs han som skarpskytt. Den 31 mars år 1885 erhöll Nils Peter avsked "ad interim" (tills vidare) och han och Märta Katarina flyttade till torpet Sörskog, under Flahult Mellangård.

Märta Katarina kom från Smederyd, där hon varit piga hos prästen Landgren i fyra år. Hennes föräldrar var soldaten Elias Hansson Fors och Inga Maria Persdotter. Hon föddes i Sjöalts knekttorp men växte upp i Bakarebo, Bolmsö. När hon var 15 år blev hon piga i Tjust

Backegård och senare i Angelstad. Nils Peter och Märta Katarina gifte sig den 28 oktober 1854.
Anna Maria var piga på Tannåker Säteri när hon var mellan 18 och 21 år. Hon gifte sig med hemmansägaren Anders Johan Andreasson i Trotteslöv.
Inga Stina gifte sig med soldaten och hemmansägaren Karl Johan Blixt och de bodde först i Berga, sedan ett tag på Skogen i Tannåker och efter det i Domaryd.
Johan August dog i april 1866, knappt ett år gammal. Som dödsorsak angavs "slag".
När familjen Hult flyttat brukades torpet till Västergård och Östergård. År 1903 blev Peter Andreasson i Västergård ägare till hela fastigheten.

Backstuga 1805-1836

Var denna backstuga fanns vet vi inte bestämt. Det är den första backstuga som omnämns på Västergårds marker, här har, enligt husförhörslängden, bott endast en familj, en änka med sex barn. Vi tror att denna stuga låg vid soldattorpet Kullen.
Under några perioder har det bott både en soldatfamilj och en "brukarfamilj" på soldattorpet. Kanske bodde brukarfamiljen i denna backstuga.

Ingrid Håkansdotter	f 1769-03-03
s Hans	f 1789-06-08 i Vittaryd
s Daniel	f 1792-03-23 i Vittaryd
s Jonas	f 1794-09-24 i Vittaryd
d Kajsa Andersdotter	f 1797-06-12 i Vittaryd
s Håkan Andersson	f 1799-05-05 i Vittaryd
s Nils Andersson	f 1801-10-28 i Vittaryd
s Anders Andersson	f 1804-12-17 i Tannåker

Ingrid var änka efter Anders Hansson som var född i Sunnerö, Tannåker. De gifte sig i Bolmsö den 5 april 1789 och hade bott i Lindhult, Vittaryd. De hade flyttat till St Tannåker år 1802. Anders dog där i juni 1804 och Ingrid fick bo inhyses med barnen. Något år efter makens död kom familjen till denna backstuga. Familjen var utfattig och

48

fick fattigmedel. Ingrid dog av ålderdom den 7 oktober 1836 på Flahults torp 68 år gammal.

Soldattorpet Kullen brukade ibland gå under namnet Flahults torp så backstugan kanske låg i närheten av det.

Alla barnen utom Anders var födda i Lindhult, Vittaryd. **Håkan** flyttade till godset Engeltofta i Skåne år 1815 för att arbeta där. **Anders** föddes i Stora Tannåker. Han var ett tag dräng hos Isak Andersson i Sunnerö Södergård.

Perstorp 1852-1886

Hitta hit (se karta 2): Strax norr om vägen mot Norra Hult går du in i bokskogen och följer en stig till höger om stenmuren. Efter cirka 125 meter går du genom en öppning i en annan stenmur. Strax till höger ligger en fin jordkällare som på försommaren är täckt med liljekonvaljer och i närheten finns syrenbuskar. Skylten står i jordkällaren. Mitt emot finns rester som kan tyda på en husgrund samt en mindre grund. Här finns en stensatt brunn. Vägen framför jordkällaren var den gamla vägen som gick mot Flahult Södergård och Roen.

GPS skylt: N 56.97515°, E 13.8191°
GPS brunn: N 56.9749°, E 13.8188°

Namnet Perstorp dyker upp i husförhörslängden år 1852. Det var först torp men detta ändrades något av de första åren till backstuga. År 1866 blev det torp för att år 1876 åter bli backstuga.

Redan i maj 1784 föddes här, enligt födelseboken, en pojke som hette Abraham. Hans föräldrar var Per Jonsson och Elin.

1852 - 1866

De första som, enligt husförhörslängderna, bodde i torpet Perstorp var ett par med barn som tidigare bott inhyses, antingen hos soldaten på Kullen eller i ett annat hus vid soldattorpet. De hade gift sig den 27 oktober 1840.

Peter Eriksson	f 1806-03-12 i Angelstad
H Anna Petersdotter	f 1808-11-23 i Tannåker
d Katarina	f 1841-12-08 i Tannåker
s Emanuel	f 1845-11-21 i Tannåker

Familjen bodde först inhyses här men det ströks några år för att sedan återkomma och Perstorp ändrades då från torp till backstuga.

49

Peter var krympling, vanför och utan bevillning (bevillning var en extra skatt). Han var Tannåkers förste småskollärare. Under något eller några år, från 1861, var han lärare i småskolans norra rote. Han dog som backstusittare den 6 april 1865 av vattensot.

Anna var dotter till soldaten Peter Spjut på Flahults soldattorp och hon hade brukat torpet åt soldaten som kom efter fadern. Hon bodde kvar i Perstorp när sonen Emanuel tog över, Anna dog av kolik den 27 juni 1868.

Katarina föddes i soldattorpet Kullen, Hon flyttade 1859 till Breared i Halland där hon var piga på en gård. Efter tre år där kom hon till S Unnaryd Hon kom tillbaka till Perstorp 1863 och bodde först hos föräldrarna och sedan som boende hos brodern Emanuel när han tog över torpet. Hon var småskollärarinna i norra roten åren 1864-1873. Katarina flyttade till Voxtorp 1873 där hon hade en tjänst som småskollärare i sju år. I februari 1880 flyttade hon till Järsnäs. I Järsnäs arbetade även Katarina Spjut som var vår första småskollärare för södra roten. Katarina dog ogift i Järsnäs den 23 maj 1890. Hon dog av en invärtes växt, hon var då 49 år.

Emanuel föddes i soldattorpet Kullen. Han var småskollärare något eller några år efter fadern. Emanuel tog ut lysning för att gifta sig med Britta Stina Gabrielsdotter som var piga på Skällandsö Södergård. De tog över torpet efter Emanuels mor och far.

Under denna tid bodde också Peters föräldrar här.

Erik Svensson   f 1773-04-08 i Tannåker
H Ingegerd Petersdotter   f 1774-10-24 i Dannäs

Erik dog den 28 november 1859, 86 år gammal, Fattigkassan betalade kistan.
Ingegerd föddes i Skomakartorpet. Hon dog den 24 november 1856, 82 år gammal. Erik och Ingegerd var fattighjon.

När Erik och Ingegerd dött fanns plats för nya inhysesboende och en piga från Dannäs flyttade in 1861.
Pigan Katarina Svensdotter   f 1814-09-14 i Vittaryd
Katarina Svensdotter var också fattighjon, och kom från Dannäs år 1861, hon lade inte mantal. Hon dog av förkylning den 17 april 1875. Auktionsmedel 1875 efter Katarina inbringade pengar till fattigkassan.

50

1866-1876

Peter Erikssons son Emanuel gifte sig den 25 november 1866 och tog över Perstorp som nu blev torp. Systern Katarina bodde kvar samt inhysepigan från Dannäs.

Emanuel Petersson	f 1845-11-21 i Tannåker
H Britta Stina Gabrielsdotter	f 1841-02-11 i Bolmsö
d Anna Matilda	f 1866-12-27 i Tannåker
d Tilda Paulina	f 1868-02-08 i Tannåker
s Gustav Ivan	f 1870-06-04 i Tannåker

Emanuel blev torpare.

Britta Stina kom från Bolmsö till Tannåker år 1862 och år 1866 lämnade hon en pigplats i Skällandsö Södergård. Hon var född i Västerås, Bolmsö och var dotter till soldaten Gabriel Klang.

Anna Matilda föddes i torpet Perstorp. Hon dog av en bröstsjukdom när hon var 18 dagar gammal, den 14 januari 1867.

Tilda Paulina och **Gustav Ivan** föddes också i torpet Perstorp.

Efter tio år i Perstorp flyttade Emanuel och Britta Stina med sina två barn till torpet Lugnet.

Vid Perstorp finns en fin jordkällare bevarad.

51

1876-1886

Nu räknades Perstorp som backstuga. Hit flyttade en ny familj från Berga i september 1876.

Johan Gustav Jönsson	f 1830-10-09 i Berga
H Britta Andersdotter	f 1833-12-29 i Tannåker
s Karl Alfred	f 1867-05-12 i Berga
d Anna	f 1871-08-07 i Berga

Johan föddes i Hörset Skattegård där fadern var hemmansbrukare. När Johan var 24 år ordnade hans far med en attest för att sonen skulle flytta till Ljungby, han kom tillbaka till familjen efter två år som dräng på Kvänslövs Kullagård. Johan gifte sig i Berga den 12 april 1862 och bodde först med hustrun Britta som torpare i Vägaholm Berga. I maj 1864 flyttade de till Bolmstad Angelstad där han blev bonde. Där fick de en dotter som dog, ett år gammal. De var tillbaka i Vägaholm efter två år, nu som ägare, senare åter torpare. Deras båda barn föddes i Vägaholm och år 1875 flyttade de till Guddarp Södergård där de under ett år hyrde en bostad innan de kom till Tannåker och Perstorp. Johan fick av prästen i Berga omdömet att han inte var arbetsför. Han hade alltsedan tiden i Bolmstad innehaft flera lanthandelsbodar och fortsatte med det i Perstorp. Han kallades "Knallen". Johan blev, i husförhörsboken före 1884, antecknad som "svagsint" och titeln lanthandlare var struken. Antagligen fungerade det inte för honom att vara handlare. Senare har prästen, efter ordet svagsint, lagt till "har varit".

Britta var född i Flahult Mellangård. Britta flyttade till Berga i mars 1862 där hon gifte sig med Johan. När Johan inte kunde vara lanthandlare skrev prästen "Fattig" på Britta.

Familjen flyttade till backstugan Hagalund under Flahult Mellangård i oktober 1886. Där byggde de nytt och drev affär en tid.

Efter denna familj har det inte bott någon i Perstorp.

Hallavad 1843-1880

Hitta hit: Man kan ta sig till Hallavad på olika sätt. Den första gången vi var där gick vi från Flahultsvägen in i skogen på en dålig körväg. Vi följde körvägen ca 200 meter och gick sedan in till höger bland björksly, hallonris och smågranar. Efter ca 350 jobbiga meter hittade vi skylten "backstugan Hallavad". Vi hittade även jordkällaren. Åskan hade slagit ner i den och raserat några stenar i taket, annars var den i bra skick.

Andra gången (se pil karta 2) vi var där gick vi från Flahultsvägen (närmare Flahult) genom skogen. Det var lättare att ta sig dit denna väg. Vi kom fram till platsen där ladugården legat, lite öster om stugan. Härifrån syntes källaren västerut, på andra sidan om ett sankområde. **GPS** skylten: N 56.972283°, E 13.803933° **GPS** jordkällare: N 56.972333°, E 13.803267° **GPS** ladugård: N 56.9724°, E 13.8056°

Ing-Britt Lindbladhs far Lamech Johansson brukade två åkrar här. Ladugården var, enligt Ing-Britt, väldigt låg. Hon och andra barn lekte i ladugården som i början av 1940-talet var i väldigt dåligt skick.

Det berättas att en av kvinnorna som bodde på Hallavad inte kunde "gå i tomme". Hon stickade alltid under sina promenader.

Under 1860-talet fanns här två backstugor. Nummer 1 var den gamla och nummer 2 tillkom. På topografiska corpsens karta, i slutet av boken, är två byggnader markerade vid Hallavad.

1843-1871
Den första familjen på Hallavad kom från torpet Lyckan år 1843. De var fattighjon.

Jöns Fritsson	f 1797-03-21 i Rydaholm
H Kajsa Eriksdotter	f 1794-07-15 i Tannåker
s Emanuel	f 1832-12-11 i Tannåker
d Maja Stina	f 1837-09-24 i Tannåker
Ä Britta Stina Magnusdotter	f 1799-12-04 i Voxtorp

Jöns och Kajsa hade gift sig i Tannåker den 18 februari 1823. Jöns fanns i en av de ständiga klasserna för fattigunderstöd och måste då lämna allt han ägde till fattigvården. Han vägrade detta och uteslöts en tid från sin klass. Jöns dog i Hallavad av stenpassion (njur- eller gallsten) den 21 mars 1864. Begravningen bekostades av fattigkassan och eftersom han var fattighjon hölls det auktion på hans ägodelar. Begravningen kostade 7.50 och auktionen inbringade 9:50 till fattigkassan.
Kajsa blev sjuklig och bodde ensam kvar när maken dött. När även grannen Jonas i Hallavad 2 dött flyttade hans hustru Britta Stina in hos

Jordkällare vid Hallavad, Erik visar att det fanns en typ av förrum framför källaren. Under ett åskväder, för många år sedan, slog blixten ner i jordkällaren och dödade ett antal får som sökt skydd.

Där Hallavads ladugård låg hittade vi en del gammalt järnskrot. Erik visar en del till en "leaharv" (en ledad harv). Vi hittade också en del som suttit på en "le'hund" (ledhund, en typ av vagn med trähjul).

Kajsa. Kajsa var ständigt hjon, hon dog av ålderdom den 21 september 1871.

Emanuel föddes i torpet Lugnet. Han blev baptist och flyttade 1850 till Tannåkers Skattegård som dräng och året därpå till Dörarp. År 1856 flyttade han till Vrå där han bildade familj. Han var 178 cm lång och blev soldat Emanuel Frans. Han dog i Vrå, av lunginflammation, den 26 maj 1885.

Maja Stina föddes i Lyckan. Hon flyttade till Bredaryd 1855 där hon var piga på två olika gårdar. År 1858 flyttade hon till Reftele. År 1880 fanns Maja Stina hos en f.d. kronolänsman i Tingsryd. I maj 1884 flyttade hon till Danmark.

Britta Stina blev änka år 1869 och ett år efter det flyttade hon från Hallavad 2 till Kajsa som också bodde ensam. År 1871 flyttade hon till Tannåkers Klockaregård för att bo inhyst hos kyrkvärden Johan Petter Jonasson. Hon "bör befrias från mantal, är sjuklig och medellös". Britta Stina flyttade med kyrkvärdens familj till Bolmstad, Bolmsö 1880, hon dog där i juli 1888 av ålderdom.

1861-1870

Nu kom ytterligare ett par till Hallavad. De kom från backstugan Trädan under Sunnerö Norregård och bodde i en egen stuga som fick nummer 2.

Jonas Svensson	f 1793-09 i Värnamo
H Britta Stina Magnusdotter	f 1799-12-04 i Voxtorp

Jonas och hustrun var fattiga och lade inte mantal. Han dog av ett slaganfall den 10 september 1869.

Britta Stina flyttade in till änkan Kajsa i Hallavad 1 i oktober 1870.

1870-1879

Nästa par kom också från torpet Lyckan i oktober 1870. Nu blev backstugan Hallavad ett torp.

Daniel Jönsson	f 1819-12-23 i Vittaryd
H Inga Maria Petersdotter	f 1818-12-01 i Ås
fd Karolina Andersdotter	f 1865-01-11 i Tannåker

Daniel och **Inga Maria** gifte sig i Tannåker annandag jul 1848. De hade först bott i Västra Skog. Inga Maria dog den 19 september 1887, hon hade en magsjukdom, Daniel dog den 27 november 1904. Båda dog på fattigplanen, de var fattighjon.

Karolina var fosterdotter till Daniel och Inga Maria. Hon var dotter till Anders Peter Petersson och Anna Lena Johansdotter och född i Skällandsö Norregård. Hennes mamma dog när Karolina var tre år och pappan gifte om sig. När Karolina var tio år dog även pappan. Änkan flyttade till Angelstad med Karolinas storasyster, 16 år, och de två halvsyskonen. Karolina och hennes storebror, 13 år, lämnades kvar. De bodde först inhyses men fördes över till obefintlighetslistan eftersom man inte visste var de befann sig. Karolina dök upp och fick år 1876 ett hem hos Daniel och Inga Maria. Hon konfirmerades år 1879. År 1885 reste hon till Danmark.

Daniel och Inga Maria flyttade med fosterdottern Karolina till fattigplanen i oktober 1879. Daniel var först jordtorpare där, senare stod han som arrendator

1879-1880
En ny torparfamilj kom från torpet Lugnet i oktober 1879.

Emanuel Pettersson	f 1845-11-21 i Tannåker
H Britta Stina Gabrielsdotter	f 1841-02-11 i Bolmsö
d Tilda Paulina	f 1868-02-08 i Tannåker
s Gustav Ivan	f 1870-06-04 i Tannåker
s Per Manfred	f 1878-04-17 i Tannåker

Emanuel skrevs som snickare här i Hallavad.
Tilda Paulina och **Gustav Ivan** föddes i torpet Perstorp.
Per Manfred föddes i Lugnet.
Efter ett år här i Hallavad flyttade familjen till Sörskog i oktober 1880.

Efter 1880 har ingen bott här.

Östergård

Östergård har varit och är även i dag en enda gård. På ägorna låg fem torp/backstugor, Vråen, Lugnet, Lyckan, Dalen och Nöjet.

Vråen 1820-1917

Från början fanns här bara en backstuga som stundtals uppgraderades till torp. Från år 1858 bodde här två familjer samtidigt och vi ser att den ena bott i torpet och den andra i backstugan. Så småningom kallades husen Stora Vråen och Lilla Vråen.

Hitta hit (se karta 5): Mittemot bostadshuset i Östragärde går en skogsväg mot öster. Följ den cirka 600 meter och här hittar du skylten Stora Vråen på höger sida om skogsvägen. Mitt emot skylten finns något som kan vara rester av en jordkällare. Senare muntliga uppgifter säger att stugan låg till vänster om vägen. Ladugården låg längre in i skogen och du kommer lättast till den om du går in på vägen 40 m längre fram till höger.

GPS skylten Stora Vråen: N 56.952249°, E 13.804049°
GPS ladugård: N 56.952117°, E 13.804834°

1820 - 1858
Den första familjen vi hittar i backstugan Vråen kom hit från torpet Stora Muggebo. De hade tidigare varit hemmansbrukare i Finnakvarn. Under deras tid här blev Vråen ett torp men ändrades sedan flera gånger fram och tillbaka. Torpet brukades till gården en period på 1850-talet.

Daniel Andersson	f 1792-03-23 i Vittaryd
H Johanna Larsdotter	f 1780-07-04 i Angelstad
s Lars	f 1806-07-15 i Tannåker
d Ingeborg	f 1810-06-08 i Tannåker
d Stina	f 1813-06-11 i Tannåker
s Anders Peter	f 1818-02-21 i Tannåker
s Jonas	f 1825-04-01 i Tannåker

Daniel var född i Lindhult. Han och Johanna gifte sig den 6 januari 1816. Daniel tjänade hos Unér i Flahult Östergård under några år. När barnen flyttat hemifrån började Daniel och Johanna att tigga, de var utfattiga och fick fattigunderstöd. Daniel blev sjuklig på 1850-talet. Sina sista år bodde han inhyses hos nästa torparfamilj, och då byggdes ytterligare ett hus som Daniel fick bo i. Denna stuga blev backstugan Lilla Vråen.

Johanna föddes i Fotatorpet. Hon hade varit gift tidigare men blivit änka i oktober år 1812. Johanna anklagades vid ett tillfälle för tjuvnad. Hon "hade vid Sunnerbo Häradsrätt med ed fått fria sig från olofl. åtkomst af en påse med några waror, som hade warit hittade." Omkring år 1850 antecknade prästen att Johanna var sjuklig och oförmögen till arbete. Johanna dog den 7 juli 1856.

Lars, Ingeborg och Stina var födda i Finnakvarn och var Johannas barn i första äktenskapet. Ingeborg flyttade år 1825 till Flahult Backegård och 1827 till Bolmsö Östergård för att år 1829 ge sig iväg till Ljungby.

Stina flyttade år 1828 till Angelstad

Anders Peter föddes i Finnakvarn, Han flyttade från Vråen till Backegård 1833 och vidare till Roen och sedan till Abbeshult i Vrå år 1836 och åter till Tannåker 1838. År 1844 kom han från Karlsborg efter straffarbete där, han hade dömts för rån och dråp efter att ha slagit ihjäl Märta Jonasdotter i Lundåkers Torp. År 1855 bodde han på Vråen en kort period men flyttade tillbaka till Tannåkers Skattegård. Först var han dräng där, sedan inhyses. Han flyttade 1856 till annan gård i Tannåker Skattegård. Några år senare flyttade han till backstugan Lugnet, Bjurka, Bolmsö. År 1891 kom han till fattighuset i Bolmsö och avled där den 27 augusti 1897.

Jonas föddes i Vråen. Han dog av "massel" den 15 juli 1825, två månader gammal.

1858-1883
Nästa familj kom från Bolmsö.

Johannes Petersson	f 1824-12-04 i Tannåker
H Britta Maja Johansdotter	f 1825-04-17 i Bolmsö
d Stina	f 1852-10-10 i Bolmsö
d Inga Maria	f 1857-01-25 i Bolmsö
s Anders Johan	f 1861-06-23 i Tannåker
d Anna Lovisa	f 1863-10-12 i Tannåker
d Emma Kristina	f 1869-11-11 i Tannåker

Efter ett antal år här lade paret inte mantal (betalade ingen skatt). När dottern Stina gifte sig och tog över torpet flyttade föräldrarna och två systrar till backstugan Lilla Vråen som antagligen stått obebodd några år.

Johannes föddes i Stora Muggebo. När han och Britta Maja gifte sig nyårsafton 1851 var han dräng i Bjärnaryd, Bolmsö. Familjen kom därifrån hit till torpet Vråen. Enligt en muntlig uppgift var Johannes skräddare.

Britta-Maja var född i Lilla Björket.

Stina föddes i torpet Åsen, Bjärnaryd. Hon flyttade till Tjust, Lunnagård, Bolmsö i oktober 1870 för att återvända till Tannåker 1872. Hon var piga i Finnatorp ett år innan hon flyttade vidare till Vittaryd.

Hon var åter i Tannåker år 1876 och 1879 gick resan till Blädinge där hon var piga hos kapten Grönhagen i Espemoen. Efter tre år där kom hon tillbaka hit i oktober 1882 för att gifta sig och ta över torpet.
Inga Maria föddes i torpet Åsen Bjärnaryd. Prästen har gjort en svag anteckning om att Inga var svagsint. Inga flyttade med föräldrarna till backstugan år 1883.
Anders Johan föddes i torpet Vråen. Anders Johan dog av hjärtsprång, sex månader gammal, den 27 december 1861.
Anna Lovisa föddes i torpet Vråen. Anna flyttade till Hånger i oktober 1881 och år 1885 flyttade hon vidare till Berga.
Emma Kristina föddes i torpet Vråen. Emma Kristina flyttade med föräldrarna till backstugan år 1883.

1883-1885
Johannes och Britta Majas dotter Stina gifte sig den 24 mars 1883. Maken kom från en drängplats i Guddarp Södergård i februari 1883.

Johan August Eriksson	f 1859-03-29 i Berga
H Stina Johannesdotter	f 1852-10-10 i Bolmsö
d Ida Maria	f 1884-03-18 i Tannåker

Familjen flyttade till Bolmaryd, Nöttja i mars 1885 och till Södra Torp, Hov, Bolmsö i november 1898.
Johan August föddes i Södra Torp, Guddarp. Han blev torpare i Vråen. Även när de flyttat till Nöttja var han torpare, men blev sedan hemmansägare i Bolmsö. Johannes August dog, av en magsjukdom, i Södra Torp, Hov, Bolmsö den 14 april 1935.
Stina föddes i torpet Åsen, Bjärnaryd. Stina dog, av ålderdom, i Södra Torp, Hov, Bolmsö den 21 februari 1943.
Ida Maria föddes i torpet Vråen. Hon flyttade till Åminne, Kärda 1902 och till Tannåker 1905. Hon gifte sig i Bolmsö den 23 juni 1911 och blev änka i februari 1953. Hon dog hos en son i Rataryd den 28 april 1973.

1886-1891
Nästa familj i torpet Vråen var en familj som, i mars 1886, kom från torpet Jakobsdal under Vittaryds Klockaregård. De hade tidigare varit tjänstehjon i Helmershus och hade gift sig den 28 oktober 1882. De hade också bott i Forsheda en kort tid.

Johannes Petersson	f 1857-11-02 i Torskinge
H Lisa Sofia Johansdotter	f 1849-07-18 i Vittaryd
d Ida Kristina	f 1883-02-17 i Forsheda
d Emelie Maria	f 1885-09-07 i Vittaryd
s Johan Gustav Manfred	f 1888-09-15 i Tannåker
s Frans Teodor	f 1891-08-12 I Tannåker

Bakom Stora Vråen låg ladugården. Den var byggd med en vägg i stenmuren.

Familjen blev, efter ett tag i Vråen, inhysesboende. De flyttade år 1891 till Skeen Jönsagård och året efter till Snöstorp i Halland. År 1900 fanns familjen i Halmstad.

Johannes föddes i Sandlid, Torskinge. Han hade arbetsbetyg till Danmark år 1888, så han kanske var där och arbetade en del. När de flyttat till Skeen arbetade Johannes som ryktare. Johannes dog i Halmstad den 28 mars 1940, han bodde då på St. Olofshemmet och dog på lasarettet.

Lisa Sofia föddes i Ryssebo. Hon dog på Halmstads lasarett den 7 maj 1929.

Ida Kristina föddes i Ledsgård. Hon förblev ogift och dog i Halmstad den 17 oktober 1963.

Emelie Maria föddes i torpet Jakobsdal. Hon fick scharlakansfeber och dog den 14 mars 1892.

60

Johan Gustav Manfred föddes i torpet Vråen. Han gifte sig den 15 maj 1943 och dog i Halmstad den 8 juli 1969.
Frans Teodor föddes i torpet Vråen och dog i Snöstorp den 21 maj 1926. Han var handlande.

1892-1917
Nästa familj kom från Vittaryds socken.

Johannes Uhr	f 1839-06-27 i Dannäs
H Johanna Bengtsdotter	f 1839-06-22 i Dannäs
d Emma Kristina	f 1881-05-24 i Dannäs
s Bernhard Ando Gottfrid	f 1883-11-04 i Vittaryd
oä ds Justus Teodor	f 1900-10-10 i Tannåker

Johannes föddes i Fästampen, Dannäs, han var soldatson. Johannes hade varit gift tidigare, men blev änkling år 1876, efter tre års äktenskap utan barn. Den 29 december 1879 gifte sig "skomakarmästaren Johannes Andersson i Jonsboda med pigan Johanna Bengtsdotter därstädes". Under Vittarydstiden bytte han efternamnet till faderns soldatnamn Uhr. I Vråen var han skomakare men brukade samtidigt torpet. Hans sista år var familjen inhyses boende i torpet. Johannes Uhr dog av hjärtförlamning den 5 februari 1917.
Johanna föddes i Fällan, Dannäs. När Uhr dött 1917 flyttade hon från torpet Vråen. Johanna blev inhyses änka hos Sven Anders Svanholm i Flahult Östergård. I oktober 1919 flyttade hon till ålderdomshemmet för att år 1923 flytta till sonen i Färgaryd. Johanna dog av ålderdomsavtyning i Färgaryd den 4 april 1924.
Emma Kristina var ett tag piga i Flahult Östergård. Hon flyttade till Västergötland år 1901. Först till Svenstorp, sedan var hon elev på mejeriet i Värsås 1903-1905 och flyttade vidare till Ekeskog. Emma Kristina dog i Göteborgs domkyrkoförsamling den 17 mars 1944. Hon var ogift.
Bernhard flyttade år 1906 till en tjänst i Hjälmaryd, Torskinge, där han var dräng och rättare, men kom tillbaka till Vråen efter några år. Han var i Ljungby ett år och år 1913 flyttade han till Stora Råby i Skåne där han blev föreståndare på dövstumsasylen. Han gifte sig i Femsjö den 13 september 1914. År 1922 blev han hemmansägare i Färgaryd där han dog den 19 december 1965.
Justus Teodor Hansson föddes i torpet Vråen. Han var Emma Kristinas son. Han arbetade från år 1917 som dräng i Gavlö, Dannäs och

sedan som rättare på olika gårdar. Han började i Gårdsby år 1922 och arbetade i Tollstad, Västergötland, år 1925 kom han till sin morbror i Färgaryd för att året därpå flytta till Dimbo i Västergötland. Justus Teodor gifte sig den 21 april 1929 och blev änkling år 1979, han dog i Södra Unnaryd den 14 maj 1996.

Efter denna familj har det inte bott någon i Stora Vråen.

Lilla Vråen

Hitta hit (se karta 5): Ett stycke förbi Stora Vråen, cirka 100 meter, finns på höger sida rester av en jordkällare och efter ytterligare 20 meter låg backstugan Lilla Vråen på vänster sida om vägen.
Här finns äppelträd och det växer både tibast och akleja kring husresterna. Skylten står antagligen i den gamla murstocken.
Om du forsätter vägen fram ett stycke kan du se en fin jordkällare vid en ensam elstolpe. Den hörde till Sörskog som ligger längre bort.
GPS skylten: N 56.953167°, E 13.805367°
GPS jordkällare: N 56.952885°, E 13.805150°

1858 - 1862

Daniel Andersson	f 1792-03-23 i Vittaryd

Daniel blev änkling år 1856 och flyttade in i backstugan Vråen när en ny familj kom till torpet. Den nya familjen fick ersättning av fattigkassan för "skötsel och vård" av Daniel. Han dog i Lilla Vråen den 15 juni 1862. Han dog av ålderdomsbräcklighet. Auktionen 1863 efter Daniel inbringade 19:50 till fattigkassan.

1883-1930

Johannes Petersson	f 1824-12-04 i Tannåker
H Britta Maja Johansdotter	f 1825-04-17 i Bolmsö
d Inga Maria	f 1857-01-25 i Bolmsö
d Emma Kristina	f 1869-11-11 i Tannåker

Familjen flyttade från torpet till backstugan på Vråen när dottern Stina och hennes man gifte sig 1883.
Johannes blev backstugusittare, hjon och arbetskarl. Johannes dog i Lilla Vråen den 17 mars 1908. Han dog av ålderdomsavtyning.

Resterna vid Lilla Vråen.

Lill-Ingas hus som flyttades från Lilla Vråen till Rykull där det finns än i dag.

Britta-Maja dog den 20 maj 1912. Även hon dog av ålderdomsavtyning.

Inga Maria var kortväxt och kallades "Lill-Inga". Hon bodde ensam kvar här när föräldrarna dött och år 1930 flyttade hon in hos Amanda

63

Sandström i Bokelund. Stugan i Vråen flyttades till Rykull och efter fem år hos Amanda flyttade Inga till sin stuga i Rykull. Hon dog där den 8 oktober 1943, hon var ogift.

Emma Kristina var piga ett par omgångar på Tannåker Säteri, i Tannåkers Skattegård, Finnatorp och i Flahult Östergård. Hon bodde inhyses hos föräldrarna mellan åren 1891 och 1893. I september 1893 flyttade hon till Danmark.

Lyckan 1832-1885

Hitta hit (se karta 3 och 4): Följ skogsvägen som går från landsvägen Flahult – Roen, strax efter Nyegård.

Lyckan låg till vänster om skogsvägen. Skylten står bakom en stenmur. På höger sida om vägen byggdes för ett antal år sedan en fritidsbostad.

GPS skylt: N 56.9562°, E 13.8098°
GPS jordkällare: N 56.9567°, E 13.8093°
GPS brunn: N 56.9565°, E 13.8096°

1832-1843

Den första familjen i torpet Lyckan kom från torpet Lugnet. Föräldrarna hade gift sig den 18 februari 1823.

Jöns Fritsson	f 1797-03-21 i Rydaholm
H Kajsa Eriksdotter	f 1794-07-15 i Tannåker
d Johanna	f 1823-01-06 i Tannåker
d Sara	f 1824-11-19 i Tannåker
s Jonas	f 1827-05-30 i Tannåker
s Emanuel	f 1832-12-11 i Tannåker
d Maja Stina	f 1837-09-24 i Tannåker

Familjen flyttade år 1843 till backstugan Hallavad.
Jöns var fattighjon. Under hans tid här ändras Lyckan från torp till backstuga och tillbaka till torp. Någon i familjen hade tagit ut attest för att bli lumpsamlare. Man måste ha tillstånd för att samla lump. Antagligen skulle pappersbruket i Skeen ha lumpen.
Kajsa var född i Skällandsö soldattorp, dotter till soldaten Erik Rosenlund och hans hustru Ingegerd Bengtsdotter.
Johanna föddes i Lugnet. Efter konfirmationen blev hon piga i Flahult Mellangård. Hon fick sedan en pigplats i Ärnanäs innan hon gifte sig

med soldaten Johannes Djurström år 1844. Hon dog av bröstlidande i Stegaryd, Vittaryd den 21 december 1892.
Sara föddes på torpet Lugnet, hon flyttade till Hjortsberga år 1841.
Jonas föddes i torpet Hästhagen. Han dog i torpet Lyckan den 18 april 1837, tio år gammal, av slag.
Emanuel föddes i torpet Lugnet och **Maja Stina** i Lyckan

I Jöns familj bodde också änkan Kajsa Jonasdotter med barn tillfälligt. De flyttade år 1839 till backstugan Nöjet.

1843-1852
Gustav Jonasson   f 1797-05-09 i Berga

Gustav var född i Äpplanäs. Han var frånskild. Han hade, efter sju års äktenskap och tre barn, "begått enkelt hor i ägtenskapet". Hans före detta hustru hade sedan dött, 30 år gammal, i lungsot och han betraktades som änkling. Han kom från Berga år 1843 och bodde ensam i Lyckan men flyttade år 1852 till Dalen.

Åren 1852-1863 finns inga boende antecknade på Lyckan.

1863-1870
Nästa par kom från Dalen till torpet Lyckan år 1863.
Daniel Jönsson   f 1819-12-23 i Vittaryd
H Inga Maria Petersdotter   f 1818-12-01 i Ås
Daniel och **Inga Maria** flyttade till torpet Hallavad under Flahult Västergård i oktober 1870.

Daniel och Inga Maria hade under ett års tid en piga.
Maja Katarina Andersdotter   f 1819-04-09
Maja Katarina var antagligen född i Tånnö. Hon kom till Lyckan från Roen år 1863 och flyttade till Dannäs 1864. Hon hade tidigare varit piga i Flahult Östergård i sju år och innan dess några år i Sunnerö. Maja Katarina gifte sig med en änkling i Dannäs. Hon blev änka år 1888 och dog i Dannäs den 27 januari 1893.

Torpet Lyckan låg bakom en stenmur. I dag växer det tätt med smågranar runt omkring.

Vid Lyckan finns denna jordkällare bevarad. Den har täckts med en presenning som blåst sönder.

1870-1885

Nästa familj kom också från torpet Dalen.

Johan Salomon Petersson	f 1834-01-20 i Bolmsö
H1 Elin Svensdotter	f 1824-09-17 i Hånger
H2 Johanna Nilsdotter	f 1844-07-27 i Bolmsö,
s Axel	f 1881-07-09 i Tannåker
s Janne	f 1885-01-22 i Tannåker

Johan Salomon hade gift sig första gången år 1867. Han var, även här på Lyckan, torpare. När han blev änkeman gifte han om sig i Bolmsö den 23 oktober 1880. Familjen flyttade i oktober 1885 till soldattorpet No37 Muggebo där han blev arrendator. Han var senare torpare i torpet Råslätt, Bolmsö. Johan Salomon dog av kräfta den 30 oktober 1910. Han och hustrun Johanna bodde då som undantagshjon hos sönerna Axel och Janne i Gölen, Västra Torp Bolmsö.

Elin dog av slag och värk i Lyckan den 14 augusti 1879. Hon blev 54 år gammal.

Johanna var född i Kåratorp och hon kom därifrån till Tannåker i samband med att hon och Johan Salomon gifte sig. Efter makens död bodde Johanna kvar hos sönerna i Gölen. Hon dog där den 9 juli 1920.

Axel föddes i Lyckan. Han dog den 30 november 1951 i Jonsboda, Kållerstad, han var ogift.

Janne föddes i Lyckan. Janne gifte sig år 1922. Han dog i Väcklinge Storegård Reftele den 11 april 1941.

Efter 1885 har ingen bott i torpet Dalen.

Det har berättats att här ett tag bodde en gubbe som hade det mycket smutsigt. "Fruntimmer" gick till honom och städade, kanske för att vara snälla vid honom. Några säjer att de tvättade honom också. Mannen dog kort efter denna pärs. Denna man har vi inte funnit i några husförhörslängder.

Nöjet 1839-1871

Denna stuga körde församlingen fram på adjutant Unérs ägor, Flahult Östergård år 1839. Detta är en backstuga som inte var med i förra inventeringen och vi har inte kunnat fastställa var på Östergård den låg. Den var ämnad för en änka med fyra barn. När stugan flyttades bodde de tillfälligt i Lyckan.

1839-1871

Ä Kajsa Jonasdotter	f 1794-04-13 i Bolmsö
s Johannes	f 1823-09-17 i Vittaryd
d Eva Lovisa	f 1824-12-04 i Vittaryd
s Jakob	f 1830-04-06 i Vittaryd
d Britta Katarina	f 1833-03-17 i Vittaryd

Kajsa var född i Skeda, Bolmsö och hade varit gift med Julius Jakobsson som dog i Ärlebo år 1837. År 1839 flyttade hon hit till backstugan Nöjet med fyra av barnen, de var mellan fyra och fjorton år gamla. Hon hade tillfälligt bott hos Jöns Fritsson i Lyckan, hon var utfattig och ständigt hjon. Kajsa dog av ålderdom i backstugan Nöjet den 30 oktober 1871.

Johannes fick attest för att flytta till Markaryd år 1840.

Eva Lovisa flyttade år 1844 till Skällandsö Södergård som piga. Hon fanns där år 1851.

Jakob flyttade till Markaryd år 1845 .

Britta Katarina flyttade år 1850 till Kvarkhult som piga. Hon flyttade till Värnamo under ett år och var år 1855 tillbaka i Kvarkhult. År 1857 flyttade hon till Stavshult, sedan Bjurka och sedan till Örnahult, Bolmsö där hon gifte sig den 30 juli 1859. Hon och maken Olof fick sju barn, de var backstugusittare. Britta Katarina Juliusdotter dog av magkatarr i Långsjöfällan, Stavshult, Bolmsö den 1 november 1902.

Efter att Kajsa dött har det inte bott någon i backstugan Nöjet.

Lugnet 1805 - 1911

Hitta hit (se karta 3 och 4): Strax efter Lyckan låg Lugnet på vänster sida om vägen.

GPS: N 56.9579°, E 13.8061°

Där Lugnet legat hittade vi ett rejält hallonsnår. Trappstenen finns kvar.

1805 - 1818

År 1805 hittar vi backstugan Lugnet för första gången i husförhörslängderna. Hit flyttade då en utfattig familj från Sunnaryd.

Per Lundberg	f 1760 cirka
H2 Kerstin Jönsdotter	f 1779
d Katarina	f 1807
d Eva	f 1809-12-29 i Bolmsö

68

Per hade bott med familjen i Flahults soldattorp Kullen mellan åren 1790 och 1795. Han blev inte godkänd som soldat och flyttade därifrån till Bolmsö. I Bolmsö dog hans första hustru och han gifte om sig. Med den nya hustrun fick han döttrarna Katarina och Eva. Nu kom han tillbaka till Flahult med den nya familjen. I vigselboken för Bolmsö den 15 februari 1805 kan man läsa: "Barnlöse änkemannen och drängen Per Jönsson Lundberg på Lövenhus, med pigan Kerstin Jönsdotter ibm" (samma ställe). När hustrun och dottern Katarina dött flyttade Per och dottern Eva till Ledet och sedan till Källetorpet, under Skällandsö Södergård, där Per dog år 1834.

Kerstin dog i Lugnet den 10 november 1816. Hon dog av en okänd sjukdom.

Katarina dog av bröstfeber den 13 maj 1817.

Eva var född i Sunnaryd. Eva blev år 1835 piga i Sunnerö och flyttade till Hånger 1837.

Gunnar hittade till sist den gamla skylten i hallonsnåret vid Lugnet.

1818 – 1831

Nu blev Lugnet ett torp. Familjen som flyttade hit kom från Sunnerö Norregård. Föräldrarna hade gift sig i Rydaholm den 3 september 1791 och bott drygt tio år där. Åtta av deras elva barn hade dött innan de nått sex månaders ålder.

M Fritz Bengtsson	f 1771-07-23 i Rydaholm
H Kerstin Jonasdotter	f 1765-05-25 i Rydaholm
s Jöns	f 1797-03-21 i Rydaholm
d Maja Stina	f 1802-12-06 i Rydaholm

Fritz dog av kof (hosta) den 21 maj 1831.
Kerstin dog i Lugnet av förkylning den 24 april 1829.
Jöns gifte sig och tog över torpet. Fritz och Kerstin bodde kvar
Maja Stina kunde inte läsa, hon tjänade ett tag i Bräkentorp och fanns i Berga cirka ett år. Maja Stina dog i Lugnet den 9 juli 1825 av skållning.

1823 -1832
Nästa par som flyttade in var nygifta. De vigdes i Tannåker den 18 februari 1823.

Jöns Fritsson	f 1797-03-21 i Rydaholm
H Kajsa Eriksdotter	f 1794-07-15 i Tannåker
d Johanna	f 1823-01-06 i Tannåker
d Sara	f 1824-11-19 i Tannåker
s Jonas	f 1827-05-30 i Tannåker
s Emanuel	f 1829-07-03 i Tannåker
s Emanuel	f 1831-05-14 i Tannåker
d Kristina	f 1831-05-14 i Tannåker
s Emanuel	f 1832-12-11 i Tannåker

Jöns var son till förra torparparet. Hans familj bodde under några år i Grannahult (Hästhagen), men kom tillbaka hit igen år 1828.
Kajsa var född på Skällandsö soldattorp, dotter till soldaten Erik Rosenlund och hans hustru Ingegerd Bengtsdotter.
Johanna och **Sara** föddes i Lugnet
Jonas var född i torpet Hästhagen.
Emanuel var född i Lugnet. Han dog den 14 juni 1830 av magreva (kolik) Han var knappt ett år gammal.
Emanuel och **Kristina** var tvillingar. De föddes i Lugnet men båda dog den 5 juni 1831. De levde i 24 dagar.
Emanuel föddes i Lugnet. Han var den tredje sonen som fick namnet Emanuel.

Familjen flyttade till torpet Lyckan år 1832.

1832 – 1859

Isak Andersson	f 1791-01-09 i Vittaryd
H Märta Petersdotter	f 1778-03-21 i Vittaryd
s Johannes	f 1818-08-09 I Tannåker
Pig Britta Andersdotter	f 1833-12-29 i Tannåker

Isak hade varit hemmansbrukare i Sunnerö Södergård i många år innan de flyttade till Lugnet. Den 4 december 1859 dog änklingen Isak Andersson 68 år gammal.
Märta var född i Gökaboda i Vittaryd. Hon hade blivit änka efter Anders Germundsson i Sunnerö Södergård och gifte om sig med Isak den 15 oktober 1814. Märta dog den 7 januari 1853.
Johannes föddes i Sunnerö. Han flyttade från Lugnet till Sunnerö år 1833 för att bli dräng hos sin äldre halvbror. Han flyttade vidare till Tannåkers Skattegård och andra drängplatser bland annat i Kållerstad. År 1855 återvände han hem, han kom då från Toftnäs där han i åtta år varit rättarens dräng. Han gifte sig den 1 december 1855 med pigan Johanna Larsdotter och de tog över torpet. Modern hade dött och fadern bodde nu inhyses hos dem.
Britta var piga här under ett år, 1853-1854. Hon var född i Flahult Mellangård. Hennes far var hemmansägare. Modern dog innan Britta fyllde tre år och fadern gifte om sig. Britta flyttade år 1854 tillbaka till hemmet för att bli piga hos systern och hennes make som nu var hemmansägare och hade bildat familj.

1855-1863
Nästa familj var son och sonhustru i den förra familjen.

Johannes Isaksson	f 1818-08-09 i Tannåker
H Johanna Larsdotter	f 1820-01-16 i Torskinge
d Albertina	f 1856-10-04 i Tannåker
d Emma Kristina	f 1860-07-29 i Tannåker

På sommaren år 1863 flyttade familjen från Lugnet till Tursbo, Svanaholm, Ås där **Johannes** blev hemmansägare till 1/20 mantal. Johanna och Johannes dog där, hon av bröstlidande, den 14 mars 1884 och han den 13 maj 1895, av blodförgiftning.

71

Johanna var född i torpet Veken, Torskinge, hon kom år 1854 till Lugnet från Toftnäs där hon varit piga under samma tid som Johannes var dräng där.
Albertina föddes i Lugnet. Hon dog den 17 oktober 1856, bara 13 dagar gammal.
Emma Kristina föddes i Lugnet. Hon gifte sig i Ås den 28 juni 1882 och hon och maken tog över gården som hennes far ägde där. De fick åtta barn. Emma Kristina dog i Tursbo, Ås den 20 augusti 1919.

1863-1864
I oktober 1863 kom en ny torparfamilj från Fylleryd, Torskinge.

Sven Andersson	f 1830-12-03 i Angelstad
H Helena Kristina Andreasd.	f 1835-05-16 i Bredaryd
d Emma Gustava Dorotea	f 1861-10-10 i Torskinge
d Amanda Karolina	f 1863-11-09 i Tannåker

Familjen flyttade tillbaka till Fylleryd efter bara ett år i Lugnet. Sven hette då Andersson Zimmergren och var skräddare. Det var vanligt att hantverkare bytte efternamn. Paret fick ytterligare fem barn.
Sven var född i Hölminge Norregård men familjen flyttade till torpet Borgen i Tannåker när han var några månader gammal. Han flyttade till Forsheda år 1847, vidare till Värnamo och kom tillbaka till Borgen igen år 1852. År 1854 kom han till Fylleryd i Torskinge där han först titulerades dräng och sedan skräddarmästare. Sven och Helena Kristina gifte sig i Torskinge den 10 maj 1861 och han blev torpare när han kom till Lugnet. Skräddaren Sven Andersson dog i backstugan Granelund, Fylleryd, Torskinge den 4 juni 1906. Han hade en bröstsjukdom.
Helena Kristina var född i Håkentorp i Bredaryd. Hon hade innan hon och Sven gifte sig varit piga på bland annat Wallerstads säteri i Kärda. Kristina var gravid med yngsta dottern när familjen kom till Lugnet Helena Kristina dog av lunginflammation den 2 maj 1901 i backstugan i Fylleryd.
Emma Gustava Dorotea föddes i Fylleryd, hon gifte sig med en gjutare och de bosatte sig på Ebbes bruk i Hakarp. År 1903 blev hon intagen på Vadstena Hospital där hon vistades i sex månader. Prästen antecknade att hon var sinnessjuk. Hon togs åter in på hospitalet i februari 1907 och dog av influensa där den 15 maj 1907.
Amanda Karolina föddes i Lugnet. Hon gifte sig år 1890 med en torpare och de bosatte sig först i Kärda men flyttade snart till Gnosjö.

Amanda Karolina dog i Bredaryd den 11 maj 1941, hon är begravd på Bredaryds kyrkogård.

1864-1873

Så kom ett ungt par från Dannäs. Han kom från Gavlö 1864 och hon från soldattorpet Ingemarstorp år 1865. De gifte sig i Dannäs den 5 februari 1865.

Salomon Eriksson	f 1837-06-25 i Dannäs
H Sara Maria Glans	f 1840-06-14 i Dannäs
d Eva Mathilda	f 1865-03-14 i Tannåker
d Karolina	f 1868-06-30 i Tannåker
s Per Gustav	f 1871-09-15 i Tannåker,

Familjen flyttade i november år 1873 till Rykull (Rambergs) och blev där ägare till 3/16 mantal. År 1879 flyttade familjen vidare till Vänneböke Norregård i Hinneryd.
Salomon föddes i Smedsgärde. Han blev torpare i Lugnet. Salomon dog i Vänneböke den 19 april 1912. Han dog av en bröstsjukdom.
Sara Maria var dotter till korpralen Lars Glans. Hon dog, av ålderdomssvaghet, i Vänneböke den 1 december 1922.
Eva Mathilda föddes i Lugnet. Hon gifte sig med Sven Karlsson i Hinneryd på nyårsafton 1889.
Karolina föddes i torpet Lugnet. Hon reste till Amerika år 1898.
Per Gustav föddes i Lugnet och dog där den 23 september 1871. Han blev åtta dagar gammal.

1873-1876

Från år 1873 innehade soldaten Klen torpet Lugnet. Han var soldat No 131, Hölminge, i Ljungby kompani Kronobergs regemente.

Salomon Andersson Klen	f 1847-05-03 i Tannåker
H Britta Maria Johannesdotter	f 1848-11-15 i Bolmsö
s Axel Ivan	f 1874-06-19 i Tannåker
d Matilda Kristina	f 1876-01-23 i Tannåker

Paret hade gift sig i Bolmsö den 10 maj 1873. Familjen flyttade till Österljung, Stavsjö, Angelstad i april 1876.
Salomon föddes i Sunnerö soldattorp, där hans far brukade torpet åt soldaten. Familjen kom till Skällandsö Mellangård och år 1862 flyttade

73

Salomon till Värnamo för ett år. Han bodde sedan hemma hos föräldrarna till år 1870 då han blev soldat och flyttade till Lugnet. Han antogs som soldat i oktober 1869, han var 6 fot, 2 tum (184 cm) lång. I juni åren 1873 och 1876 var han kommenderad till Karlsborg, han blev korpral år 1879. Salomon blev änkling år 1893, han fick avsked som soldat år 1899 och flyttade till Siggeboda, Härlunda. Han gifte om sig år 1902, blev änkling igen år 1915 och år 1925 flyttade han till Danmark.

Britta Maria var född i Skinnebo, hon kom därifrån till Lugnet i november 1873. Hon hade dessförinnan varit piga i Sunnerö Södergård i tre år. Britta Maria dog den 8 augusti 1893 i Österljung, Angelstad.

Axel Ivan föddes i Lugnet. Han flyttade med fadern och syskonen till Härlunda och år 1901 gick färden till Kyrkhult i Blekinge. Han blev stationskarl och reste till Amerika år 1903.

Matilda Kristina gifte sig inte, hon begick självmord den 2 november 1923. Hon bodde då hemma hos fadern i Siggeboda, Härlunda och begravdes i Almundsryd.

1876-1879

I oktober år 1876 kom Emanuel Petersson med familj till Lugnet. De kom från backstugan Perstorp under Flahult Västergård.

Emanuel Petersson	f 1845-11-21 i Tannåker
H Britta Stina Gabrielsdotter	f 1841-02-11 i Bolmsö
d Tilda Paulina	f 1868-02-08 i Tannåker
s Gustav Ivan	f 1870-06-04 i Tannåker
s Per Manfred	f 1878-04-17 i Tannåker

Familjen flyttade till torpet Hallavad 1879. Där var Emanuel snickare, senare bodde de inhyses på torpet Sörskog.

Emanuel föddes i soldattorpet Kullen under Flahult Västergård. Han hade gift sig den 25 november 1866 med Britta Stina.

Britta Stina kom som piga från Bolmsö i november 1862 till Skällandsö Södergård.

Tilda Paulina och **Gustav Ivan** föddes i torpet Perstorp.

Per Manfred föddes i Lugnet.

1879 – 1889

Nästa torparfamilj kom från Dannäs i november 1879.

Anders Josef Johannesson	f 1844-03-18 i Dannäs
H Johanna Johansdotter	f 1842-03-23 i Dannäs

74

d Inga Kristina	f 1875-08-16 i Dannäs
s Johan Peter	f 1878-12-06 i Dannäs
d Jenny Paulina	f 1882-11-11 i Tannåker

Denna familj flyttade, i oktober 1889, till Älghammar, där de arrenderade en gård,. De flyttade år 1905 vidare till Annerstad. **Anders Josef** var född i Hultet, Dannäs. Han hade från år 1865 varit dräng i Hånger och kom tillbaka till Dannäs år 1873. Han och Johanna hade gift sig den 20 september 1874. Anders Josef var antagligen en duktig sångare. År 1886 beviljades han fem kronor i ersättning för sitt biträde vid sången i Tannåkers kyrka, dels under organistens sjukdom, dels några helgdagar efter organistens död. Anders Josef drunknade den 29 oktober 1937. Prästen har angett att det var ovisst om det var en olyckshändelse.

Johanna var född i Kvarnberg, Dannäs. Hon hade varit piga i Hånger mellan 1864 och 1873. När hon kom tillbaka till Dannäs var hon piga i Böke i ett år innan hon gifte sig. Johanna dog av åderförkalkning i Romborna den 25 februari 1925.

Inga Kristina föddes i backstugan Nybo. Hon blev sömmerska och gifte sig i Annerstad den 5 juli 1913, hon dog i Annerstad Hulugård den 16 augusti 1961.

Johan Peter föddes också i backstugan Nybo. Han dog av slag i Älghammar den 23 januari 1890, elva år gammal.

Jenny Paulina föddes i Lugnet. Hon blev sjuksköterska, och gifte sig den 8 mars 1919. Hon bodde i Ryssby och dog i Stavhult Ryssby den 19 juni 1975.

1890-1903

I oktober år 1890 kom en familj från Norra Torp i Vittaryd. Föräldrarna hade gift sig i Vittaryd den 30 december 1882.

Salomon Johannesson	f 1857-05-20 i Dannäs
H Ulrika Elisabet Dahl	f 1853-09-08 i Hjälmseryd
d Anna Matilda	f 1884-12-04 i Vittaryd
s Karl Johan	f 1886-08-14 i Vittaryd
s Ernst Edvard	f 1888-06-09 i Vittaryd
d Lilly Sofia	f 1891-07-17 i Tannåker
s Oskar Hjalmar	f 1894-01-26 i Tannåker
s Gustav	f 1896-08-20 i Tannåker

En del av familjen flyttade i november år 1903 till Stora Färle där de bodde inhyses och år 1907 flyttade de vidare till sonen Ernst Edvard i Ljungby.

Trappan och en bit gjutet golv finns kvar efter det sista huset i Lugnet.

Salomon föddes i backstugan Fällan, Gavlö. När han fyllt 15 år hade han olika drängplatser i Dannäs innan han flyttade till Kärda, Rydaholm och sedan Vittaryd. I Vittaryd var han rättare i Johanneshus under ett år innan han och nyblivna hustrun flyttade till Berga 1883. Salomon dog av magkräfta i Färle den 25 november 1903.

Ulrika Elisabet kallades Betty. Hon föddes "oäkta" i fattighuset i Hjälmseryd. Modern var en försvarslös och kringstrykande piga. De hade bott i den gamla fattigstugan i Hjälmseryd till år 1856 då de flyttade in i det nya fattighuset. När hon var tolv år flyttade hon in hos pastor Lundgren i skolhuset och blev fosterbarn där. År 1867 bodde hon med pastorns familj i komministerbostället i Bolmsö och var då "barnflicka". Prästfamiljen flyttade därifrån till Dannäs och efter det hade Ulrika Elisabeth flera pigplatser i bland annat Hjälmseryd, Vrigstad, Dannäs och Rydaholm. Ulrika Elisabet dog i Ljungby den 30 september 1941.

Anna Matilda föddes i Vittaryd Klockaregård. Hon flyttade till Ljungby i november år 1903, där hon dog, ogift, på pensionärshemmet den 6 mars 1969.

Karl Johan föddes i torpet Norra Torp, Vittaryd. Han flyttade till Verset, Angelstad i november år 1903. I januari 1906 reste han till Amerika.

Ernst Edvard flyttade som dräng till Hölminge Svensgård i november år 1903. År 1906 flyttade han till Ljungby. Han hyrde bostad i Eskilsgård och arbetade som boddräng, han blev senare fabriksarbetare. Han gifte sig nyårsafton 1913 och bodde sedan på flera olika platser i Ljungby. Ernst Edvard dog den 12 februari 1945 och ligger begravd tillsammans med hustrun och en son på Ljungby gamla kyrkogård.

Lilly Sofia föddes i Lugnet. Hon gifte sig den 3 oktober 1922 och dog i Huddinge den 6 januari 1955.

Oskar Hjalmar föddes i Lugnet. Oskar flyttade till Ljungby år 1913. Han var grovarbetare och gifte sig år 1924. Han blev änkling 1965 och dog i Norrköping den 8 april 1968.

Gustav föddes i Lugnet. Han var järnarbetare och gifte sig nyårsafton 1921. Gustav dog i Ljungby den 25 maj 1949.

Efter år 1903 upphörde torpet Lugnet och såldes 1911. Lugnet var inte längre ett torp men här bodde en familj fram till år 1936.

Köpeavhandling: Till Oskar Johansson o hans hustru Johanna Kristina Johansson säljs 1/8 mtl av Östergård Litt. Ab. Köpeskilling 3000 kronor. Tillträde 14 mars 1911. Säljaren förbinder sig att för ett pris av 600 kr å hemmansdelen – å det s.k. Lugnet - uppföra en stugabyggnad på sätt och tid som i särskilt avfattat byggnadskontrakt angives. Jakten tillhör H. Majt. Konungens jaktklubb. De hus å det till hemmansdelen hörande torpet Vråen bliva köparens tillhörighet. Den jordplan där Inga Johannesdotter har stuga och ladugård uppförda skall hon fortfarande få inneha mot årlig skatt till köparen.

Dalen 1819-1870

Hitta hit (se karta 3 och 4): Från Lugnet kan man se över skogen upp till Dalen en bit upp i björkskogen på höger sida om vägen. Strax efter Lugnet går en stenmur mot norr. Följ den (en viltstig) längs högersidan cirka 300 meter, skylten finns jämte stenmuren.

När skylten vid Dalen sattes upp för drygt 30 år sedan var Efraim Svanholm med och pekade ut platsen. Grunden är bortkörd och marken uppodlad.

GPS: N 56.9590°, E 13.8036°

1819-1860

De första som bodde i backstugan Dalen kom från grenadjärtorpet Södra Tanseryd. De hade gift sig i Angelstad den 14 juli 1782.

Harald Lundgren	f 1760 cirka
H Anna Olofsdotter	f 1755 cirka
d Stina Haraldsdotter	f 1790-01-26 i Angelstad
d Anna Beata	f 1796-02-11 i Tannåker
Gustav Jonasson	f 1797-05-09 i Berga

Harald hette från början Jonsson, han hade varit ryttare för Sunnerbo kompani No 95 Tanseryd åren 1789-1818. Han var 5 fot, 9 tum lång (171 cm). Han hade deltagit i de senaste "kampanjerna i Tyskland och Norge" men var nu "gammal och sjuklig - otjänlig till kronans tjänst". Harald dog av ålderdomsskröplighet och utslag, den 18 september 1840, 83 år gammal. Han var, de sista åren, blind.

Anna. Anna dog ett halvt år efter sin make, den 5 mars 1841. Hon dog av ålderdomsbräcklighet, enligt prästens notering blev hon 97 år gammal.

Stina kom från Slätthög år 1824. Hon hade gift sig år 1816, men "levde enskilt från mannen", Magnus Svensson, som dog den 18 oktober 1847 i Loshults socken. I samband med att hon kom hit blev Dalen ett torp och hon blev brukare. Den 16 juli 1852 gifte hon om sig med änklingen Gustav Jonasson som då kom från torpet Lyckan.

Stina bodde kvar i torpet Dalen som inhyses hos nästa torpare, Daniel Jönsson, när hennes andre make dött. Stina var sjuk och Daniel fick betalt av fattigkassan för att han skötte om henne. Hon var fattighjon och dog den 13 december 1860. Begravningskostnaderna 7.50 betalades av fattigkassan.

Anna Beata föddes i södra Tanseryd. Hon flyttade till Vittaryd i början av 1820-talet.

Gustav kom år 1852 från Lyckan. I sockenstämmoprotokoll från år 1857 läser vi: " Vansinnige Torparen Gustaf Jonasson från Torpet Dalen skall så fort ske kan afföras till länets Lasarett för intagande å Hospital. Alldenstund han är till den grad wåldsam och wansinnig att han redan skurit en man med knif och han icke utan fara för eget och andras lif waktas med mindre än 2:ne fullväxta manspersoner dagligen. För Torparen Gustaf Jonassons inlösen på hospitalet i Wadstena uppbäres 4 Rd Banco af hwarje förm. Hemman såsom förskott". Den "svagsinte torparen Gustav Jonasson" dog den 11 maj 1857 på Vadstena hospital. Kvarlåtenskapen såldes på offentlig auktion.

1857-1863
Nästa familj kom från Västra Skog.

Daniel Jönsson	f 1819-12-23 i Vittaryd
H Inga Maria Petersdotter	f 1818-12-01 i Ås

Daniel och **Inga Maria** flyttade till Lyckan 1863.

1858-1860

Gustav Ambjörnsson	f 1802-02-20 i Mossebo

Gustav hade gift sig med en änka i Stavshult i Dannäs och bott där i många år. Nu senast hade de bott inhyses i Flahult Östergård några år. Hustrun dog i oktober 1856, hon blev 72 år gammal, han kom till Dalen år 1858 och flyttade år 1860 till Kvarkhult där han blev inhysehjon. År 1869 flyttade han till Dannäs.

1863-1867
År 1863 kom nästa par till torpet Dalen. De hade gift sig i Tannåker den 12 juni 1863.

Johannes Andersson	f 1835-0-815 i Tannåker
H Kajsa Jonasdotter	f 1835-12-16 i Torskinge
s Johan August	f 1863-08-07 i Tannåker
Maja Katarina Andersdotter	f 1819-04-09 i Tånnö

Johannes var torpare. Han var född i Borgen under Tannåker Säteri och kom därifrån hit till Dalen. Familjen flyttade i november 1867 till Sunnerö soldattorp No 36, där Johannes blev arrendator. Medan de bodde i soldattorpet flyttades torpet från sin ursprungliga plats vid sjön Bolmen till Tanseryd. Så småningom flyttade familjen från Tannåker och Johannes blev hemmansägare i Angelstad Gummesgård. Johannes dog av lunginflammation den 1 juni 1901 i Gummesgård,

Kajsa var född i Hjälmaryd. Hon kom som piga till Tannåker Säteri år 1857. Hon dog av ålderdomsavtyning i Gummesgård, Angelstad den 22 oktober 1925.
Johan August föddes i torpet Dalen. Han flyttade till Danmark 1883.
Maja Katarina kom till Tannåker från Hånger år 1854. Här hade hon varit piga i Sunnerö, i Flahult Östergård och på Roen. Hon kom som piga till torpet Dalen år 1863 och flyttade till Dannäs efter ett år här.

Vi byter väl ut Dalens skylt mot en ny? Gunnar fixade det ganska lätt.

1867-1870
Nu kom ett nygift par till torpet Dalen. De hade gift sig i Tannåker den 27 december 1867.

Johan Salomon Petersson	f 1834-01-20 i Bolmsö
H Elin Svensdotter	f 1824-09-17 i Hånger

Johan Salomon föddes på Näset, Bolmstad och familjen flyttade till en backstuga i Skeda när han var fem år. När han var 18 år blev han dräng i Boo. Johan Salomon hade varit dräng i Annerstad, Flahult Nyegård och på flera gårdar i Dannäs innan han kom hit i samband med att han gifte sig. I Dannäs har prästen skrivit att hans innanläsning var "klen". **Elin** var född i torpet Åsen, men växte upp i det nybyggda torpet Svensbo (hennes pappa hette Sven). Hon var piga ett par år i Hånger men flyttade år 1846 till Dannäs. Hon kom tillbaka till Hånger efter ett

år men flyttade år 1852 hem till föräldrarna i Svensbo för att sedan vandra mellan olika pigplatser i Hånger. År 1863 flyttade hon till Kärda men kom från Hånger till Dalen år 1867.
Paret fick en dödfödd pojke i juni 1868. Efter det blev det inga mer barn. Omkring år 1870 flyttade de till torpet Lyckan och sedan har det inte bott någon här i Dalen.

Mellangård

Flahult Mellangård är delad i två delar. En av dem kallades Nyegård och den andra Mellangård. Under Flahult Mellangård har funnits backstugorna Hultet, Ledet, Gatan och Hagalund samt torpet Sörskog. Antagligen fanns det i Sörskog två bostadshus.

Sörskog 1839-1919

Hitta hit (se karta 5): Du kan ta dig hit på två sätt. Om du är vid Vråen fortsätter du vägen från Lilla Vråen, mot sydost i cirka 250 meter, förbi jordkällaren vid elstolpen. Efter jordkällaren finns många stenrösen och det är troligt att något av dem döljer resterna av det ena huset som fanns i Sörskog.
Du kan också köra in på skogsvägen mot öster vid Stora Tannåker. Följ körvägen till Vita Rör. Här finns en grind och på andra sidan den ligger Sörskog. Skylten finns vid en stenmur. Här växer bland annat pion, ros, kaprifol, körsbär, fläder o tibast.
I anslutning till torpet finns också rester av en jordkällare med trappa i 90 grader mot dörren, den är fin. Här finns också en brunn. I dag finns här ett fritidshus med gäststugor.
GPS skylt: N 56.951817°, E 13.809133°
GPS jordkällare: N 56.951767°, E 13.808900°

Den jordkällare som vi såg från Lilla Vråen (vid elstolpen) var fint i ordning.
GPS jordkällare vid stolpen: N 56.952817°, E 13.807383°

1839-1866
De första i backstugan Sörskog var ett par som kom från soldattorp No 37, Muggebo. Under deras tid här ändrades Sörskog till torp för att slutligen åter bli backstuga. Stundtals har det antagligen funnits mer än ett bostadshus här, kanske det ena var torp och det andra en backstuga.

Johannes Pistol	f 1787-02-03 i Värnamo
H Elin Zakrisdotter	f 1784-01-30 i Tannåker
d Kristina	f 1816-07-24 i Tannåker
d Anna Katarina	f 1822-03-08 i Tannåker

Johannes och Elin hade gift sig den 29 december 1810. Han var nu avskedad soldat och gratialist. När hustrun Elin dött, år 1846, bodde Johannes kvar. När dottern Anna Katarina och hennes man tog över torpet, blev han tillsammans med dottern Kristina inhyses. I juni 1857 fick "afskedade soldaten Johannes Pistol på Sörskog befrielse från bidrag af spannemål till fattigvården aldenstund han numera är både gammal, orkeslös och fattig". Johannes Pistol var farfar till Salomon Nilsson i Uppgår'n.
Elin var född i Flahults Västergård, dotter till Zakarias Persson och Kerstin Svensdotter. Hon hade bott med föräldrarna i Flahults soldattorp. Innan hon gifte sig hade hon varit piga i bland annat Skällandsö Södergård. Hon var de sista åren sjuklig, krympling och alldeles oförmögen till arbete och var därför begärd ur skatt. Elin dog av värk den 10 mars 1846.
Kristina föddes i Lilla Muggebo och kom 1856 till Sörskog från en pigplats hos sin bror Nils Krut i Uppgår'n, Flahult. Kristina bodde efter år 1856 inhyses med fadern hos systern här.
Johannes och dottern Kristina blev på 1850-talet backstuguhjon. Det kan betyda att det byggdes en backstuga till dem. Från 1866 är backstugan noterad under backstugan Hultet, vi vet inte om den fanns vid Hultet från början eller om den flyttades hit. Från år 1871 är noteringen backstuga ändrad till Torpet Hultet.
Anna Katarina föddes i Lilla Muggebo. Hon gifte sig i Tannåker i maj 1849 med Nils Peter Kristiansson och de tog över torpet.

1849-1919

Torpet Sörskog togs över av Pistols ena dotter med make.

Nils Peter Kristiansson	f 1820-05-20 i Dörarp
H1 Anna Katarina Johansdotter	f 1822-03-08 i Tannåker
H2 Ingrid Nilsdotter	f 1838-03-25 i Ås
s Salomon August	f 1849-06-04 i Tannåker
s Bengt Johan	f 1851-03-28 i Tannåker
s Karl Magnus	f 1859-03-09 i Tannåker
fd Johanna Maria Johannesd.	f 1879-05-29 i Bredaryd
Kristina Jonasdotter Öster	f 1830-10-01 i Bolmsö

Nils Peter kom från Ljungby år 1849 och gifte sig den 3 maj 1849 med en av Pistols döttrar i Sörskog. Han var oäkta son till Maria Bengtsdotter i Lingonbacken, Dörarp. Prästen skrev i flyttbetyget att han "läser innantill antagligt, Luthers Katekes och förklaringar likaså. Förstår enfaldigt, har bevistat förhören ordentligt och har ett oklanderligt leverne." År 1859 fick familjen bidrag från fattigkassan för att barnen skulle kunna gå i skola. När den första hustrun dött gifte torparen Nils om sig den 4 juli 1891 med en änka som flyttade hit från Mossen med fosterdottern Johanna Maria. Nils dog i Sörskog den 3 maj 1900. Från år 1901 var Sörskog en backstuga.

Anna Katarina blev, i slutet av 1870-talet, sjuklig och dog den 6 november 1889 av bröstlidande.

Ingrid var änka efter Johannes Eriksson på Mossen. Hon flyttade från Mossen till Sörskog i november 1890. Ingrid dog av ålderdomssvaghet den 6 maj 1919.

Salomon August föddes i Sörskog. Han var dräng i Dannäs i början av 1870-talet. Han blev snickare och började arbeta som järnvägsarbetare i bland annat Hälsingland. Där blev han den 9 augusti 1880 ihjälkörd av våda i järnvägskurvan vid Edång i Ljusdal. Han begravdes i Järvsö.

Bengt Johan föddes i Sörskog, han var snickare. År 1873 hade han frejdbetyg till Uppsala stad.

Bengt Johan råkade i bekymmer när en piga i Hult, Vittaryd den 19 februari 1883 födde ett gossebarn. Barnets mor anmälde att Bengt Johan var far till barnet och att han lovat henne äktenskap. Detta medförde att han inte fick gifta sig med någon annan. År 1887 gifte hon sig och då upphörde hans hinder för äktenskap. I april 1890 flyttade Bengt Johan till Halmstad.

Karl Magnus föddes i Sörskog. Han blev den 23 oktober 1878 soldat efter Jonas Öster för Östbo kompani Torp Västra, Bolmsö. Han fick soldatnamnet Palmqvist och flyttade till Bolmsö i oktober 1880. Karl Magnus gifte sig år 1881 med Maria Nilsdotter född 1856 i Bolmsö. De fick fem barn. Karl Magnus blev änkling år 1943 och dog i Kåratorp, Sunnaryd, den 1 november 1952.

Johanna Maria kom tillsammans med Ingrid från Mossen i november 1890. Hon var dotter till en arrendator i Bredaryd. Mamman dog i barnsäng när Johanna Maria var drygt två år och pappan var ensam med fyra barn, den minsta två veckor gammal. Pappan gifte om sig men hann bara vara gift två år innan också den andra hustrun dog. Pappan var ensam igen, nu med fem barn. När den tredje hustrun kom in i bilden flyttade familjen till Torskinge. Johanna Maria var under Tannåkerstiden skriven hos sin pappa. Hon flyttade tillbaka till Torskinge år 1893. Efter det var hon, ett antal år, piga i Rävinge, Harplinge och Halmstad. Åter tillbaka i Torskinge födde hon en oäkta dotter år 1905. Hon arbetade som sköterska på ålderdomshemmet. Johanna Maria dog ogift i Torskinge den 22 februari 1927.

Blommande tibast vid Sörskog.

84

I förgrunden rester av ett av husen i Sörskog, här finns skylten.

Kristina föddes i Kvinnelsbo, Bolmsö. Hon var änka efter soldat Jonas Öster som, liksom Ingrids make Nils Peter, dött år 1900. Kristina och Jonas hade bott i Bokelund och hon flyttade in till Ingrid nu när de båda blivit ensamma. Enligt Otto Emanuelsson kallades hon Tok-Stina. I oktober 1919 flyttade hon till Nyahem i Skällandsö och året efter till ålderdomshemmet. Kristina dog den 23 maj 1923.

1880-1885
Familjen som kom hit nu bodde inhyses, de kom från Hallavad.

Emanuel Petersson	f 1845-11-21 i Tannåker
H Britta Stina Gabrielsdotter	f 1841-02-11 i Bolmsö
d Tilda Paulina	f 1868-02-08 i Tannåker
s Gustav Ivan	f 1870-06-04 i Tannåker
s Per Manfred	f 1878-04-17 i Tannåker

Familjen flyttade till Angelstad år 1885 där de bodde i lägenheten Björkelunda.
Emanuel föddes i Flahults soldattorp, han var son till Peter Eriksson och Anna Petersdotter och var snickare.
Britta Stina dog i Angelstad den 21 maj 1908.

Tilda Paulina föddes i torpet Perstorp. Hon hade arbetsbetyg till Danmark år 1884 och var antagligen där och arbetade ett tag. Hon lämnade år 1886, 18 år gammal, Angelstad och reste med båt från Malmö till Rochester i Amerika.

Gustav Ivan föddes i torpet Perstorp. Även han hade arbetsbetyg till Danmark år 1884. År 1893 reste han från Angelstad till Amerika. Han åkte från Göteborg till New York.

Per Manfred föddes i torpet Lugnet Han gifte sig och bodde i Lysjö, Västergötland. Han dog där den 17 december 1969.

1885-1919

När Emanuel Peterssons familj flyttat kom paret Hult/Eliasdotter hit. Nils Peter Hult hade varit soldat No 35 vid Östbo Kompani och fått avsked i mars 1885. Han och hustrun Märta kom från Flahults soldattorp och de blev nu torpare här. De hade gift sig år 1854 och bott i soldattorpet med barnen i 32 år.

Nils Peter Hult	f 1833-07-10 i Bolmsö
H1 Märta Katarina Eliasdotter	f 1822-05-01 i Bolmsö
H2 Kristina Sofia Jonasdotter	f 1836-05-16 i Voxtorp

Trappan ner till denna jordkällare i Sörskog går i 90 graders vinkel mot ingången.

Nils Peter var nu gratialist. När hustrun Märta dött gifte han om sig den 6 juni 1892 med Kristina Sofia Jonasdotter. De gifte sig i Dannäs. När han åter blev änkling flyttade han till Södra Ljunga i maj 1919 men gav sig efter ett år iväg till Berga socken. Han dog av ålderdom i Töttja, Berga socken, den 1 maj 1921.

Märta Katarina var Hults första hustru. De hade gift sig i Bolmsö år 1854. Märta Katarina var elva år äldre än Nils Peter och hon dog av ålderdom den 20 september 1891.

Kristina Sofia var Hults andra hustru, hon kom från Dannäs där hon var jordtorpare i Torp Rödjebo, när hon och Nils Peter gifte sig. Kristina Sofia var syster till bland annat Fika som var småskollärarinna i Tannåker. Hon dog den 18 april 1907 av okänd sjukdom.

Ingrid Nilsdotter, Kristina Öster och Nils Peter Hult var de sista som bodde i Sörskog.

Ledet 1814-1847

Denna backstuga kallas Lundbergs efter Per Lundberg som bodde här ett tiotal år.

Hitta hit (se karta 3 och 4): Kör vägen mot Roen och in på skogsvägen till höger, strax efter Nyegård. Bostadshuset låg på vänster sida om vägen, just där kyrkvägen svängde av mot Färle.

GPS: N 56.9557°, E 13.8147°

1814-1845

Ä Stina Eriksdotter	f 1758
d Lena	f 1786-10-16 i Tannåker
o.ä. s Johan Jönsson	f 1813-08-11 i Tannåker
d Anna Beata	f 1798-04-06 i Tannåker

Stina hade varit gift med Erik Andersson och de bodde först i Grannahult (Hästhagen) och sedan var de hemmansbrukare i Klockaregården. De fick åtta barn. Maken dog av rötfeber (kallbrand) år 1807 och Stina hamnade i fattigstugan med döttrarna Lena och Beata innan de kom hit. De var fattighjon. Stina dog den 3 december 1819 av bröstfeber. Hon blev 61 år gammal.

Lena föddes i Klockaregården. Hon var, enligt prästen, "svag och fjollig", hon kunde inte läsa. När systern gift sig och sonen Johan flyttat blev Lena ensam kvar i backstugan. Hon dog av vattusot (vattensvullnad i någon kroppsdel) den 15 maj 1845.

Johan var Lenas oäkta son, han flyttade till Halland år 1829.

Beata föddes i Klockaregården. Hon gifte sig i Kånna år 1825 med Jonas Svensson och de flyttade till Hedenstorp och sedan till Öjarp i Annerstad. När Beata var omkring 60 år var hon inte längre arbetsför och den 14 mars 1862 dog hon av slag.

1818-1829

Något år innan änkan i föregående familj dog flyttade ytterligare en familj in i backstugan Ledet.

Per Lundberg	f 1760 cirka
d Eva	f 1809-12-29 i Bolmsö
Daniel Jonasson	f 1804-12-19 i Bolmsö

Per hade varit soldat, och var änkling. Per var utfattig och familjen flyttade till Lugnet i Flahult. I Lugnet dog hans andra hustru och år 1818 kom Per och dottern Eva till Ledet. De stannade här i cirka 11 år innan de flyttade till Källetorpet under Skällandsö Södergård i slutet av 1820-talet. Han var svag och vårdades av dottern. Per dog på Luciadagen 1834 av ålderdomsbräcklighet, 70 år gammal.

Eva föddes i Sunnaryd. När fadern dött blev hon först piga i Sunnerö Norregård. Hon flyttade till Hånger 1837 där hon gifte sig år 1840 med torparen Elias Jonsson som var 42 år äldre än hon. Han dog år 1841. Eva var "rent okunnig i sin kristendom". Hon gifte 1849 om sig med torparen Jonas Bengtsson som "bara" var 20 år äldre än hon. De fick två barn och hon blev änka igen år 1868. Eva dog i backstugan Fållen i Hånger den 5 november 1874.

Daniel fanns här bara tillfälligt i början av 1820-talet. Han var antagligen den andra hustruns son.

1826-1826

En mycket kort period fanns också följande familj i backstugan Ledet. De hade kommit till Tannåker år 1819

Ä Ingrid Samuelsdotter	f 1789-08-25 i Tannåker
s Anders Peter Svensson	f 1817-05-30
d Britta Stina Svensdotter	f 1821-06-28 i Berga
Britta Gudmundsdotter	f 1754

Ingrid var född på Roen. Hon var änka efter Sven Johansson. Sven hade blivit slagen till döds av en häst i Älgdjurastock, bara 27 år gammal. Hon kom med en son och en dotter från Lilla Brotorpet under Älgdjurastock i april 1826.
Britta Stina var född i Brotorpet.
Britta var mor till Ingrid och kom tillsammans med henne och barnen från Brotorpet. Hon dog dock i samband med flytten den 9 april 1826. Hon var 84 år gammal och dog av ålder i backstugan.

1839-1847
Nu kom en änka med son hit. Hon hade gift sig i Berga i april 1787 med Olof Karlsson Målberg. Familjen kom från Berga till Stora Muggebo i Tannåker år 1827 och Olof dog där år 1836. Katarina var då bräcklig och flyttade efter några år med sonen Johan till Ledet.

| Ä Katarina Jonasdotter | f 1762 i Berga |
| s Johan Olsson | f 1788-01-20 i Berga |

Katarina blev inneboende i Ledet och var fattighjon. Den 22 oktober 1847 dog hon på grund av ålderdom. Hon och sonen begravdes i samma grav, han hade dött två dagar före henne.
Johan var född i Torsets Norregård. Han kom med familjen till Muggebo och flyttade med modern till Ledet. Han var fattighjon, "svagt tänkande", stum och sinnessvag. Han dog av bråck den 20 oktober 1847.
Efter 1847 har det inte bott någon här.

Hultet 1861-1893

Hitta hit (se karta 3 och 4): Kör vägen mot Roen och in på skogsvägen till höger, strax efter Nyegård. Bostadshuset låg på vänster sida om vägen, just där kyrkvägen svängde av mot Färle.
GPS: N 56.9557°, E 13.8147°
1861-1892
Denna backstuga uppfördes antagligen när Knut och Stina flyttade från Hyttet och behövde en ny plats att bo på. Den tidigare torpinventeringen placerade Hultet på den plats som Ledet legat på. Ledet hade, vid denna tid, upphört och det är möjligt att Knut och Stinas nya backstuga byggdes på samma plats. Kanske de till och med flyttade med sig stugan i Hyttet och ändrade namnet lite (Hyttet har även kallats Hyltet).

| Knut Andersson | f 1795-06-04 i Vittaryd, |
| H Stina Abrahamsdotter | f 1807-07-17 i Tannåker |

Paret var "ständiga hjon", de fick mycket säd från fattigkassan. År 1864 fick de ekonomisk ersättning "till reparation å stugan som blivit förstörd genom vådeld". **Knut** dog i Hultet av ålderdom den 21 april 1870, 75 år gammal. Erik i Flahults Västergård fick 2.75 från fattigkassan för att han gjorde likkistan. **Stina** dog i Hultet den 29 februari 1892. Hon dog av ålderdom, 84 år gammal.

1871-1893

När Knut Andersson dött flyttade en avskedad soldat och hans dotter in hos änkan Stina i backstugan. Stina var både blind och döv och behövde kanske lite sällskap.

| Ä Johannes Pistol | f 1787-12-03 i Värnamo |
| d Kristina Johannesdotter | f 1816-07-24 i Tannåker |

Johannes var 178 cm lång och hade varit soldat vid Östbo kompani. Han kom från Värnamo år 1810 till soldattorpet Muggebo och hade deltagit i regementets alla fälttåg från 1808 till 1838 då han fick avsked, 50 år gammal. Familjen flyttade från Muggebo till backstugan Sörskog år 1839.

Johannes blev änkling 1846. I samband med att han flyttade in här i Hultet blev backstugan ett torp. Antagligen ville han och dottern bruka lite mark. De var medellösa och kunde inte lägga mantal. Johannes dog av "ålderdomsskröplighet" den 17 mars 1877. Han blev nästan 90 år gammal.

Kristina föddes i Lilla Muggebo. Hon bodde kvar hos Stina Abrahamsdotter när fadern Johannes dött, men ett par år efter att även Stina gått bort flyttade Kristina till fattigstugan där hon dog. Hon var utfattig.

Hagalund 1886-1904

Hitta hit (se karta 4): Följ landsvägen från Flahult mot Roen. Backstugan låg vid den smala gamla vägen. Nuvarande väg är dragen där en del av grunden till husen fanns och det finns inga rester kvar. En skylt finns på västra sidan om vägen och en brunn ligger på östra sidan.
GPS skylt: N 56.9649°, E 13.8228°
GPS brunn: N 56.9649°, E 13.8231°

1886-1904
Den enda familj som bott i Hagalund kom från backstugan Perstorp 1886.

Johan Gustav Jönsson	f 1830-10-09 i Berga,
H Britta Andersdotter	f 1833-12-29 i Tannåker
s Karl Alfred	f 1867-05-12 i Berga
d Anna	f 1871-08-07 i Berga

Johan var nu, enligt prästen, sinnesrubbad och blev, under tiden här, fattighjon. Det har berättats att Jönsson var lite "vrickad". Han kallade sig ibland för lantmätare och försökte mäta ut markområden till sig själv. Han ska också ha inbillat sig att en del barn i bygden var hans.

Karlarna söker efter brunnen som hörde till Hagalund.

Johan avled den 16 november 1898. När han dog antecknade prästen att Johan varit svagsint men vårdats inom församlingen. Alfrid Andersson i Tångabacken, Skällandsö fick år 1887 ersättning från fattigkassan för "vård av svagsinte Joh. Jönsson Hagalund". Under år 1888 fick fattigkassan betala bland annat delgivning och utslag vid en rättegång där Johan var inblandad.

Britta dog av bröstlidande den 3 april 1904 hos dottern i Göteryd.

Karl Alfred angavs nu som inhyseson, han var fri från värnplikt. Karl Alfred gav sig iväg till Danmark år 1895.

Anna gifte sig i januari 1902 med arbetskarlen K A Ekdahl och flyttade till Göteryd. Hon dog i Göteryd, av kräfta i bröstet, år 1920.

Gatan 1795-1860

I Flahult har det pratats om Beatefållen men ingen har säkert vetat varifrån namnet kommer eller om någon Beata hade bott där. Vi har fått fram fakta om Beata och hennes bostad som hette Gatan. På en karta från Laga skiftet år 1842 har ett område markerats som "Beates tomt och fåll".

Hitta hit (se karta 4): Följ landsvägen mot Roen. Backstugan Gatan låg på vänster sida om vägen.

GPS Gatan: N 56.967083°, E 13.821083°

GPS Beatefållen: N 56.966683°, E 13.821233°

Den smala vägen från Flahult förbi Beatefållen mot Roen byggdes om år 1949. År 1954 togs en fyra meter bred stenmur bort, den löpte längs vägen utmed Beatefållen.

1795-1860

Detta ställe hade från början inget namn i husförhörslängderna. Stugan kallades bara "Backstugan" de första tjugofem åren.

Anders Johansson	f 1729
H Elin Juliusdotter	f 1745
d Beata Andersdotter	f 1767-07 i Tannåker
dd Stina Svensdotter	f 1800-05-09 i Tannåker
dd Stina Abrahamsdotter	f 1807-07-17 i Tannåker

Anders och Elin hade gift sig i Vittaryd den 30 december 1792.

Anders bodde på Roen när han gifte sig med Elin och de bodde där de första åren. Han hade varit gift tidigare med änkan Kerstin Andersdotter som var död. Anders var döv, han dog på Flahults "gatutorp" (Gatan) den 2 augusti 1808 av ålderdomsbräcklighet.

Elin var änka när hon och Anders gifte sig. Hon kom från Vittaryd till Roen i samband med giftermålet. Elin dog av moderpassion den 12 maj 1800.

Beata var född i Flahult. Hennes mamma var Kerstin Andersdotter. Beata hade varit iväg på pigtjänster, bland annat i Västergötland, men kom hem till fadern när modern dog. I mantalslängden för år 1809 kan vi läsa att Beata nyttjade lyxvaran tobak. Hon var fattig, tiggde och betalade inte skatt. Fattighjonet Beata Andersdotter dog i backstugan den 14 april 1856, hon blev 89 år gammal.

Stina Svensdotter var Beatas oäkta dotter som föddes i Lundåkers torp. Hennes far var drängen Sven Gustavsson i Kinds härad "där barnaföderskan förr tjänte". Stina dog i backstugan Gatan av mässling den 13 juli 1800, två månader gammal.

Stina Abrahamsdotter var också Beatas dotter, hon var född oäkta i Flahults Backstuga. Hennes far hette Abraham Abrahamsson, han var dräng på Roen. Det finns en anteckning att Stina var blind vid två års ålder. Hon var piga först på Hästhagen något år och sedan en längre tid i Flahult Mellangård. Hon kom tillbaka till Gatan år 1839, hon var svag och begärd ur skatt samt sjuklig, fattig och inte arbetsförmögen. Dessutom var hon döv. Stina bodde ensam kvar på Gatan tills hon år 1860 gifte sig med Knut i Hyttet och flyttade dit.

Efter år 1860 har det inte bott någon i backstugan Gatan.

Backstuga 1867-1868

Det är något osäkert i vilken backstuga följande familj bodde. I husförhörslängden har den inget namn men det kan ha varit denna som kallades Orrahyttan. Familjen bodde här bara i ett år innan de flyttade till fattigstugan.

Anders Peter Svensson	f 1827-03-08 i Berga
H Katarina Månsdotter	f 1833-10-22 i Vittaryd
d Emilia Kristina	f 1855-10-25 i Tannåker
d Anna Maria	f 1857-09-22 i Tannåker
d Mathilda	f 1859-03-16 i Tannåker
s Sven Magnus	f 1861-10-02 i Tannåker
s Johan August	f 1864-11-23 i Tannåker
d Ida Charlotta	f 1868-04-19 i Tannåker

Anders Peter och Katarina gifte sig i Tannåker den 1 september 1855. Familjen fick ekonomiska svårigheter så de måste gå ifrån gården i Flahult Backegård.

L N Rydeman, som var komminister här vid denna tid, beskrev år 1893 familjeförhållandena i en biografibok: "Fadern var hemmansägare, men blev efter ett sjukligt och oordentligt levnadssätt utfattig. Modern som ännu lever åtnjuter fattigunderstöd, fadern dog 1869."

I fattigvårdens protokoll kan vi läsa att familjen fick mycket stöd i form av fattigsäd. Där står också att familjen bodde i det som kallades Orrahyttan från mitten av år 1868 till december 1870. Orrahyttan var en byggnad som flyttades från Flahult till Fattigplanen vid Rummestad år 1869.

Anders Peter var född i Ekornarp. Han blev hemmansägare i Flahult Backegård där han tog över svärföräldrarnas gård. I början på 1860-talet kom andra ägare och han blev i stället brukare. När de år 1867 flyttade från Backegård var de inhysesboende där. De flyttade till denna backstuga under Flahult Mellangård och sedan till fattigstugan. Anders Peter dog den 16 februari 1870. Han dog av förkylning, 42 år gammal.

Katarina var född i Simmarps soldattorp, dotter till soldaten Måns Burk och Kajsa Svensdotter.

Emilia Kristina, Anna Maria och **Mathilda** föddes i Flahult Backegård.

Sven Magnus Andersson när han satt fängslad i Malmö

94

Sven Magnus föddes också i Flahult Backegård. Han dömdes för första resan stöld i juni 1885 till två år och två månaders straffarbete i Landskrona. Den 5 juli 1887 dömdes han för 2:a resan stöld till fyra år. Han dömdes åter en gång till straffarbete, nu på tre år, som han avtjänade i Malmö Centralfängelse för tredje resan stöld och förfalskning. Sven Magnus var ljushårig och hade blå ögon. Näsan var spetsig och han hade ordinär kroppsbyggnad. Han var 173 cm lång och hade ett ärr på baksidan av båda låren. I juni 1904 reste han till Amerika, Lafayette, St Stamford.

Johan August föddes i Flahult Backegård och **Ida Charlotta** i backstugan under Flahult Mellangård.

Roen

Under Roen fanns bara en backstuga och inga torp. Tidvis var Roens hemmansägare rusthållare.

Norhagen 1826 - 1853

Det dröjde till år 1847 innan prästen skrev ut namnet Norhagen. **Hitta hit (se karta 4):** Kör från Flahult mot Roen. Strax innan Roen svänger du vänster. Det första stället på höger sida är Norhagen. Vi vet inte var backstugan låg, men i skogen, bakom huset som i dag är bostadshus, finns en grävd damm i närheten av Roens gräns. Kvarnamaden finns bakom skogen. Vi satte skylten vid en gammal rönn i en dunge, här finns också ett gammalt äppelträd. Drygt 50 m sydost om dammen, på ängen finns ett stort äppelträd och en rad med stenar. För att komma hit måste du gå genom trädgården till nuvarande bostadshus.
Det finns även tecken på att det kan ha legat byggnader strax innan nuvarande trädgård.
GPS skylt: N 56.9637°, E 13.8343°
GPS stenar vid stort äppelträd: N 56.9630°, E 13.8336°

1826-1830
Här bodde en änka med en son och en dotter. De kom från backstugan Ledet där de bott en kort tid.

Ä Ingrid Samuelsdotter	f 1789-08-25 i Tannåker
s Anders Peter Svensson	f 1817-05-30
d Britta Stina Svensdotter	f 1821-06-28 i Berga

Ingrid var utfattig backstuguänka. Familjen flyttade år 1830 härifrån till torpet Eneryd i Dannäs och Ingrid gifte om sig med en "bräcklig - ej arbetsför" änkeman där. Hon blev änka igen år 1843 Fattighjonet Ingrid Samuelsdotter dog i Eneryd, Dannäs den 8 april 1870, 80 år gammal.
Anders Peter flyttade vidare från Dannäs till Forsheda år 1833 och kom till Vapnö socken som dräng år 1835. År 1843 var han hemma i Eneryd. Han fick en drängplats i Jonsboda ett år och gifte sig medan han var där. Han flyttade med hustrun till Annerstad år 1846. Han läste "svagt i bok". År 1851 flyttade familjen till Halmstad.
Britta Stina flyttade i april 1836 till Vapnö socken, hon var då bara 15

Om Norhagen låg där det finns flera äppelträd så låg det mycket vackert. Dammen är grävd på senare tid, bakom skogen till vänster låg Ronasjön.

Ett stort vackert äppelträd i närheten av den plats backstugan Norhagen kan ha legat.

år gammal, där hon var piga på olika gårdar. År 1839 flyttade hon från Vapnö.

1843-1853

Nu kom en ny familj. Om de flyttade in i den backstuga som stått obebodd i 13 år eller om det byggdes en ny backstuga vet vi inte. Det är inte heller säkert att de i så fall låg på samma plats. Den nya familjen kom från Ärlebo.

Ä Anna Petersdotter	f 1797 i Bolmsö
s Anders Peter Svensson	f 1828-05-16 i Bolmsö
d Märta Katarina Svensdotter	f 1831-10-20 i Tannåker
s Lars Magnus Svensson	f 1835-11-15 i Vittaryd
d Inga Maria Svensdotter	f 1840-01-04 i Tannåker

Anna var änka efter grenadjär Sven Lager som dött den 6 april 1842. Anna var fattighjon och dog den 21 maj 1851. När Anna dött såldes hennes kvarlåtenskap för 2 Riksdaler 10 Skilling 8 Runstycken och behållningen gick till fattigkassan.
Anders Peter föddes i Västra Torp. Han flyttade år 1844 till Flahult Backegård och år 1847 till Klockaregården. Han flyttade vidare till Vrå, gifte sig och bosatte sig i Stjernarp, Eldsberga där han var tegelmästare.
Märta Katarina föddes i Ärlebo och flyttade till Ärnanäs år 1848. År 1849 flyttade hon till Sunnaryd säteri, Norra Kåratorp för att efter ett år flytta vidare till Vrå. Hon gifte sig med en hemmansägare i Telestad Växjö. Hon dog där den 10 april 1885.
Lars Magnus föddes i Jonsboda. Han flyttade år 1851 till Abbeshult i Vrå och år 1861 vidare till Laholm. Den 10 maj 1872 gick han ombord på ångfartyget Orlando för att via Hull / Liverpool resa till Amerika.
Inga Maria föddes i Ärlebo. När modern dött kom hon till fattigstugan 1853. När hon konfirmerats år 1855 flyttade hon till en pigplats hos kopparslagare Borgström i Laholms stadsförsamling och sedan hos en apotekare. Hon gifte sig år 1859 med en målargesäll från Halmstad.

Efter år 1853 har det inte bott någon i backstugan Norhagen. Den ladugård som finns i Tannåkers hembygdspark har stått i Norhagen. Den är dock av senare datum än backstugan Norhagen.

Vi fann också en rad stenar som kanske varit en ladugårdsgrund.

Kuriosa, lite av varje

Linbastor

Det har funnits minst två linbastor i Flahult.
Mellangårdens linbasta låg strax innan, och på samma sida om vägen
som, Erik Fredrikssons uppfart. Dörren från denna basta sitter i den
linbasta som finns i hembygdsparken.
GPS Mellangårds basta: N 56.9675°, E 13.8201°

Rester av Mellangårdens linbasta

Den andra (Västergårds och Östergårds) fanns i enebacken nedanför
nuvarande Bolmefors hus. Den senare användes så sent som på 1940-
talet.
GPS Västergårds/Östergårds basta: N 56.9701°, E 13.8121°

100

*Foto från linskäktning hos Ellen Emanuelsson i Västergård,
bostadshuset syns i bakgrunden. Gerda Muntzing (lärare i Tannåker
1942-1946), Ellen Emanuelsson, Hilma Karlsson Rummestad, Svea
Karlsson Norra Hult, Axie Karlsson Roen, Gertrud Fredriksson
Nyegård, Helga Karlsson Roen och Jenny Johansson Ärlebo. (Foto
privat)*

Orrahyttan

Vi har, från olika håll, hört talas om något som har hetat
Orrahyttan. I våra försök att ta reda på fakta har vi gått bet,
däremot vill vi redovisa vad vi hittat och hur våra tankar gått.

I Sveriges Bebyggelse Jönköpings län IV 1957 kan man läsa:
"Den sista vargen sköts i Orrahyttan i Flahult en söndag i början
av 1800-talet. För ett 50 tal år sedan, berättar man, förvarades
skinnet uppe på skullen i Tannåkers kyrka som en slags försoning
för det sabbatsbrott som fällande av denna varg innebar".

Prosten Rydeman har i en artikel för Växjö Stifts
Hembygdskalender år 1915 berättat om denna varg. "I
förbigående må nämnas att jag har i min ägo ett vargnät, i hvilket
den i annexsocknen Tannåker sist synliga vargen säges hafva
blivit fångad. Nätet är försedt med åtskilliga bomärken utvisande,
huru många alnar af nätet det ålåg respektive hemmansägare att

101

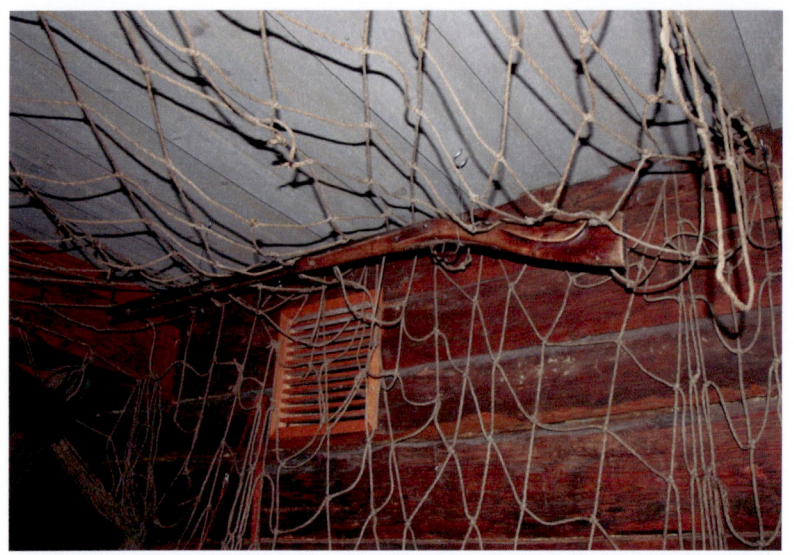

I Garvaregården på Gamla Torg i Ljungby hänger vargnätet från Tannåker.

De bomärken som visar vilka som ansvarade för att nätet var helt.

bekosta och underhålla". Detta nät finns i dag i garveriet på Ljungby Hembygdsförenings museum på Gamla Torg. Nätet består av två delar. Enligt museets beskrivning fångades vargen år 1829 i detta nät. Nätet är totalt 126 cm högt och 350 cm långt och är tillverkat av rep. Varje maska är 17 cm i fyrkant, bomärkena är av trä. Antagligen står LPS för Lars Petersson och PPS för Peter Petersson, de var vid denna tid några av bönderna i Flahult.

Namnet Orrahyttan finns, under åren 1868-1870, flera gånger dokumenterad i fattigkassans redovisning.

- Orrahyttan flyttades till Fattigplanen antagligen 1869. (Emanuel fick i slutet av detta år betalt för uppförandet av den så kallade Orrahyttan å Fattigplanen.)
- Man reparerade Orrahyttan för 6,20 i december 1870.
- Anders Petter Svensson och Katarina Månsdotter bodde i Orrahyttan 1867 - 1871. Anders Peter dog i Orrahyttan 10/2 1870, hustrun och barnen bodde kvar. *Då bodde de enl. HF i fattigstugan*
- I december 1871 ersattes Jon Svensson i Granelund för reparationen å Fattigstugan Orrahyttan, bland annat byttes förstugudörren. Flera andra personer fick också betalt för exempelvis ett lass halm till taket, 1 bräda o dagsverken vid murningen, två lass lera, framkörning av lera o mursten, spik, o betalt till murarmästaren.

Om Orrahyttan var en backstuga under Mellangård:
I denna backstuga bodde, enligt husförhörslängderna, Anders Petters Svenssons familj från november 1867 till oktober 1868 och efter det i fattigstugan till år 1920.

I fattigkassans protokoll står att de bodde i Flahults Backegård i mars 1867 och från maj 1867 till december 1871 i Orrahyttan.

Om man ska lita på fattigkassans noteringar bör familjen ha bott i Orrahyttan medan den fanns kvar i Flahult. I så fall flyttades huset med familjen till Fattigplanen där det även fortsättningsvis (en tid) gick under namnet Orrahyttan.

Om Orrahyttan var en gammal bod
I Fattigkassans protokoll nämns en gammal bod som i början av 1869 uppfördes till Fattigstuga å Rubbeslätt på Fattigplanen. Kan

Orrahyttan vara denna bod? Kanske betalades sedan Emanuel Petersson i Perstorp för uppförandet av den så kallade Orrahyttan å Fattigplanen i december 1869.
I så fall bodde antagligen ingen i Orrahyttan medan huset fanns i Flahult.
Det jagades en hel del fågel i Tannåker. Kanske var Orrahyttan en bod där jägarna stod på pass.

Kyrkvägarna

I äldre tider var folk nästan tvingade att "gå i kyrkan" på söndagarna. Vägen dit kunde vara lång, men man gick snällt dit iklädd finkläderna.
Kyrkvägen från Flahult följde i stort sett den nuvarande vägen mellan Flahult och Tannåker.
Kyrkvägen från Roen gick genom skogen förbi torpen mot Lundåker och följde sedan "häradsvägen" över Stora och Lilla Färle till nuvarande landsväg mot kyrkan.
Att vägen från Roen gick till Lundåker kan ha samband med att det sägs att det funnits en kyrka i Färle innan Tannåkers kyrka byggdes. Detta var i så fall långt tillbaka, Tannåkers nuvarande kyrka byggdes år 1793 och är den tredje kyrkan på denna plats.

Malestenar

Strax intill torpet Perstorp finns en sten som sägs ha använts som malesten. Där kunde man förr mala korn.
Även i trädgården i Flahult Mellangård finns en liknande sten.
GPS: N 56.9743°, E 13.8193°

Hålan

Det berättas att en man bott i en "håla" (jordkoja eller riskoja) i skogen bakom torpet Perstorp. Han lär ha bott där på 1800-talet. Platsen har pekats ut av Torsten Svensson i Flahult Mellangård.
I en intervju från år 1974 har Otto Emanuelsson, Flahult Västergård, berättat om Katarina och en gubbe som bodde i kojan Gubben var en säker skytt och en gång skulle länsman ta hand om honom. Han gömde sig då och sköt på länsman genom hans höghatt. Fiskalen gick därifrån, han vågade inte röra honom. Otto sade att han minns Katarina, men vi vet inte mer om dessa personer. .

104

"Malestenen". Här hällde man säden i fördjupningen och drog sedan den avlånga stenen fram och tillbaka tills kornen malts sönder.

Ulla och Thure i "Hålan".

105

Efterord

Även om denna bok innehåller mycket fakta så finns mycket mer att forska i. Vi har blivit nyfikna på många människoöden men varit tvungna att släppa en hel del trådar. Tills någon tar upp dem igen får vi leva med nyfikenheten. Det är spännande att fundera och fantisera kring personerna som levt här före oss.

Många av dem som bodde i backstugorna eller som inhyses var fattighjon. En stor familj bodde i ett rum och kök eller bara ett rum, det var kallt och dragigt, barnens kläder var urvuxna och kanske trasiga. Många fick säd eller mjöl av fattigkassan fyra gånger om året och något barn fick ett par byxor. Torparna hade det oftast lite bättre än backstugusittarna, de hade lite jord att odla och kanske något eller några djur.

Du kanske har upptäckt att en del personer dyker upp på många olika platser. Både torpare och backstugusittare flyttade ofta.

Hösten 1847 hade vi (enligt sockenstämmoprotokollen) en hotande spannmålsbrist och hungersnöd för de fattiga. Många blev brödlösa, nödställda och utfattiga. Församlingen fick 300 Riksdaler i lån, "men detta räcker ej". Man rekvirerade 12 tunnor råg från Kronomagasinet i Eksjö att betala senare. Man fick pengar från "Nödhjelpscomitten i Westbo härad" och ytterligare spannmål från Eksjö kronomagasin och från Nydala Magasin. Även år 1853 var det missväxt och församlingen begärde understöd av staten.

Vi gör inte anspråk på att denna bok ska vara heltäckande. Det har bott folk i trakten långt tillbaka i tiden. Vi har bara grävt i dokument från de senaste 300 åren.

Några av fotona har hämtats från Uno Johanssons arkiv, men de flesta har studiegruppen tagit.

Tack

Vi i studiecirkeln vill rikta ett stort tack till dem som svarat på våra enträgna frågor. När vi har letat torp och backstugor har vi kanske stört er som bor i närheten.

Vi vill också tacka Tannåkers Hembygdsförening och Studieförbundet Vuxenskolan som bidragit ekonomiskt till tryckning av boken.

Ordförklaringar

Aln – Ca 60 cm, längden på armen från armbågen till spetsen av långfingret.

Backstuga – Backstugusittare. Backstugan placerades på någon annans mark som var otjänlig för odling, ibland i en backe eller ingrävd i en backe. Backstugan var ofta byggd av sämre material och varade inte så länge. Det hände att en ny backstuga uppfördes i närheten av den gamla och att virke från den äldre stugan användes för bygget. En backstuga beboddes av personer som inte sysslade med jordbruk. Ibland var den en slags "pensionärsbostad" för föräldrar och personer som arbetat på gården. De flesta som bodde i backstugorna var fattiga och fick fattigunderstöd av socknen. En följd av detta blev att ägodelarna auktionerades ut efter hjonets död och pengarna tillföll socknen. I ett sockenstämmoprotokoll från år 1847 kan vi läsa: *Backstugor får icke upföras för andra än åldriga och bräckliga personer som hafva undantag och de som flere år innehaft Jordbruk å Hemman eller Torp inom Församlingen. Personer utom socknen får icke inflytta i gamla, eller uppbyggda nya Backstugor, med mindre jordegaren, som från annan socken vill intaga backstugusittare, på förhand förbinder sig, att till fattigvården betala femtio (50) Riksdaler Banco, i händelse Backstuguhjonen falla socknen till last.*

Befriad från mantal – Slapp att betala skatt.

Dragon - Från början var en dragon en infanterist till häst. De red till slagfältet men steg sen av och stred som vanligt infanteri (fotfolket). Genom att de var beridna infanterister blev de förband som snabbt kunde förflyttas. Det hände även att de sattes in som rytteri i slagen. Detta var dock en uppgift som de inte var tränade för. Under 1700-talet kom dragoner mer och mer att utnyttjas som rytteri och tillslut återstod enbart namnet till skillnad mot det lätta kavalleriet. Under 1800-talet kom dragonerna att räknas som tungt kavalleri. Dragonen och ryttaren var anställd av rusthållaren, och var skyldig att arbeta för honom när han inte var i fält.

Död och begravningsbok – I denna bok förde prästen in bl.a. namn på den som dog, dödsorsak, begravningsdag, bostadsort och ålder.

Fot – En fot var 29,69 cm.

Frejdbetyg – Ett flyttbetyg där prästen angav namn, födelseplats och datum samt civilstånd. Här angavs också om personen i fråga skött sig, kunde läsa, tagit nattvarden o.s.v.

Födelse och dopbok – I denna bok fördes in födelsedag och dopdag, namn på barnet, bostadsort och föräldrarnas namn (i riktigt gamla födelse och dopböcker finns ofta bara dopdagen med och faderns namn, dopdagen var viktigare än födelsedagen) samt namn på vittnens och dopprästens namn.

Gratialist - När en soldat fyllt 50 år eller tjänstgjort i 30 år kunde han få underhåll från Vadstena krigsmanshuskassa. Även en något yngre soldat med färre tjänsteår kunde komma ifråga om han förtjänat det t.ex. genom att ha varit med i krig o dyl. Den som varit soldat i 20 år fick pension. Även om soldaten blev skadad och inte kunde tjänstgöra mer kunde han få pension.

Grenadjär - Ursprungligen en soldat som hade till uppgift att kasta handgranater. Så småningom utgjorde grenadjärerna, som var bland det starkaste och bästa folket, förbandens elittrupper.

Hor – Det fanns enkelt hor som innebar att den ena parten var gift och dubbelt hor då båda parter var gifta på var sitt håll.

Husförhörslängd – Från mitten av 1700-talet blev husförhörslängder vanliga, de fördes även tidigare i en del församlingar. Här förde prästen in alla församlingsbor uppdelade i gårdar och familjer. Han skrev in namn, födelsedatum, flyttningar, om någon dog eller tog ut lysning, kunskaper i kristendom och läsning, om man tagit nattvarden regelbundet o.s.v. Han antecknade ibland även andra händelser. Husförhörslängden ersattes år 1895 av Församlingsboken.

Inhyses – Inhyseshjon

Inhyseshjon var fattiga arbetsoföra personer som inte kunde försörja sig själva. Hjonen kunde bli hänvisade till "rotegång", varmed menades att de fick "rotera" i socknen. De fick nödvändig kost, logi och vård genom socknens försorg. En inhyses person kunde bo "inneboende" eller i egen stuga.

In- och utflyttningslängd – här antecknades när någon flyttade in eller ut ur församlingen, till eller från vilken gård och ort.

Laga skifte – Under 1800-talet gjordes flera markbyten. Först kom storskiftet där vissa justeringar gjordes. Efter det kom Laga skifte som i Flahult, Roen och Kvarkhult genomfördes åren 1842, 1867 och 1898. Innan Laga skifte låg, i flera fall, byggnaderna samlade på ett ställe och varje ägare hade många mindre jordlotter utspridda på ett stort område. Vid detta skifte delades marken upp så att varje hemmansägare fick sina ägor i ett stycke och några av dem fick flytta sina byggnader till en ny plats.

Landvärn – En typ av reservsoldater som kallades in vid behov.

Lysnings och vigselbok – Prästen skrev in namn, titel och bostad för dem som begärde lysning samt vigseldatum. Ofta antecknade han också om båda var närvarande, om hon var myndig eller om hennes fader eller giftoman givit sitt bifall. Lysning skedde alltid i kyrkan i kvinnans hemförsamling, minst tre veckor innan vigseln, tre söndagar i följd.

Massel – Kan vara mässling men även andra utslag.

Moderspassion – Neurologiska och/eller psykiska besvär hos kvinnor. I en del fall kan moderpassion ha varit en diagnos att ta till för diverse symptom som inte gick att förklara på annat sätt. Mest troligt är att det är en beteckning för faktiska sjukdomar i underlivet, exempelvis bukhinneinflammation eller livmoderframfall.

Mynt - År 1873 infördes myntreformen som resulterade i dagens myntsystem. Fram till dess fanns myntenheterna Runstycken, Skilling och Riksdaler. Det gick 12 Runstycken på en Skilling, och 48 Skillingar på en Riksdaler.

Rödsot – Dysenteri, en tarmsjukdom.

Soldattorp – Karl XI introducerade indelningsverket 1682. Detta innebar att bönderna skulle ordna fram soldater och hålla dessa med bostad. Dessutom skulle det finnas "nödiga hus", bland annat en lada samt ett mindre stycke äng och åker som soldaten kunde bruka. År 1715 bestämdes att på alla soldattorp skulle bostadshuset innehålla en stuga (ett rum) med spis, förstuga och kammare. Det bestämdes också att det, förutom en lada, skulle finnas fä- och foderhus på torpets mark.

Soldattorpen fanns ofta på utmarken långt från byns bördiga mark. I Tannåker har vi haft soldattorp för både kavalleri- och

110

infanterisoldater. Torpen skulle hålla viss standard och genomgick syner med ungefär tre års mellanrum. Bönderna (rotehållarna) blev vid synerna ålagda att åtgärda sådant som synemännen anmärkte på. Indelningsverket upphörde år 1901.

Skarpskytt – En soldat som fått extra grundlig utbildning i skjutning.

Soldat – Soldaten var, i fredstid, delvis soldat och delvis jordbrukare eller hantverkare. Den grabb som rotebönderna ville anställa som soldat skulle genomgå granskning och läkarundersökning vid generalmönstringen. Även kavallerisoldatens häst fick genomgå hälsoundersökning

En soldat som avslutade sin tjänst fick inte bo kvar i torpet. Inte heller familjen fick bo kvar om soldaten dog, torpet skulle vara bostad åt nästa soldat.

Under 1700-talet var Sverige i krig under Stora nordiska kriget (1700-1721), Sverige – Ryssland (1741 – 1743), Pommerska kriget (1757 – 1762), Gustav III:s ryska krig (1788 – 1790) och krig mot Danmark (1788 – 1789). Efter sekelskiftet avlöste krigen varandra, första Napoleonkriget, Finska kriget, Dansk-Svenska kriget, andra Napoleonkriget. Det sista fälttåget var 1814 mot Norge och efter det kommenderades soldaterna istället till bland annat järnvägs- och kanalbyggen.

Sventjänare - Dragoner och ryttare, kan i rullorna stå som rusthållarnas sventjänare. Regementena till häst var indelade i rusthåll i stället för rotar. Rusthållaren skulle utrusta en dragon eller ryttare med häst och mundering (uniform).

Torp – Torpare

Torp var på ett avskilt beläget nybygge. Torparen fick betala ¼ av full skatt. Senare blev torpet ofta en mindre gård, som arrenderades av torparen mot dagsverken och/eller andra skyldigheter. Normalt skrevs arrendekontrakt på 10 – 50 år.

Transporteras – En soldat kunde ibland flyttas från ett soldattorp till ett annat. Detta kallades i mönstringsrullorna för att soldaten transporterades.

Tum – Fram till år 1855 var foten uppdelad i tolv delar. En var en tum 2,474 cm. År 1855 delades foten istället i tio delar och en tum blev längre, 2,969 cm.

Varjeringskarl – var en reservsoldat som inte hade soldatnamn. En varjeringskarl kunde sättas in om roten inte hade någon soldat för tillfället, om den ordinarie soldaten stupat eller om det behövdes extra soldater.

Vattusot – vätskesvullnad eller vattensamlingar.

Kartor

*Utsnitt från topografiska corpsens karta över Sverige 1871, uppmätt
1865, översedda 1896.*

Tillstånd att använda kartan har inhämtats hos Lantmäteriet.

113

Översiktskarta

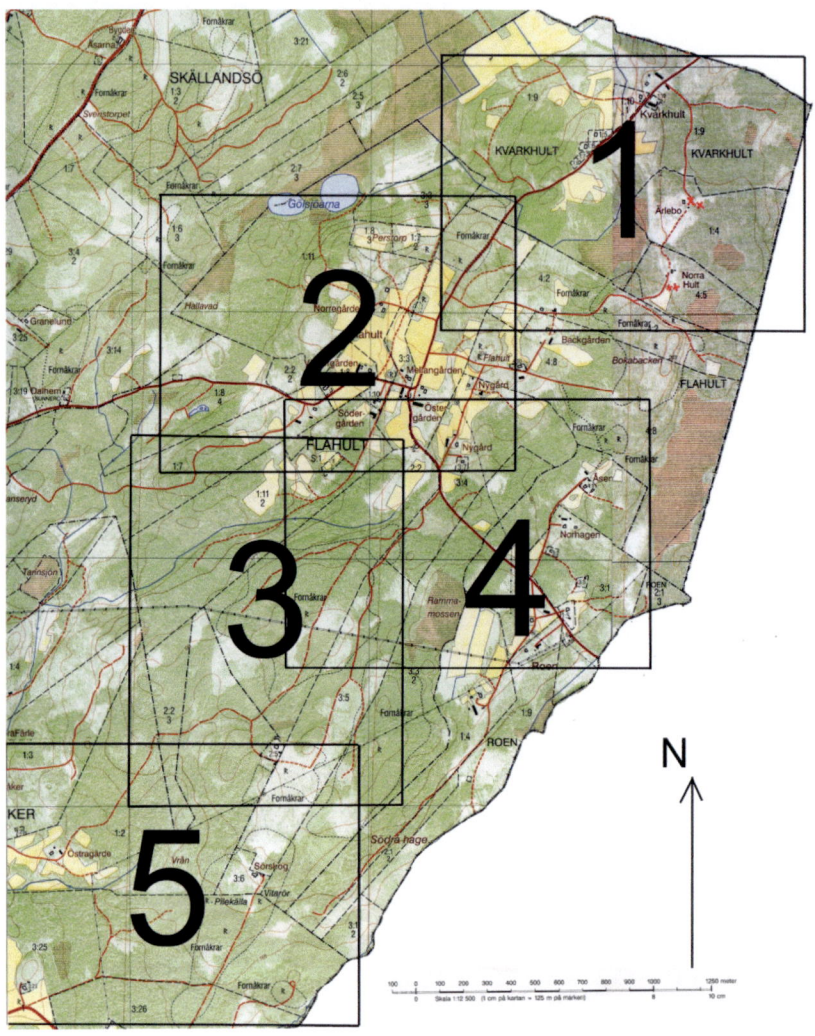

Karta över Flahult (östra delen av Tannåkers socken)
Del av Lantmäteriets Fastighetskarta.
Tillstånd att använda kartan har inhämtats hos Lantmäteriet.

Karta 1 (skala: 1 cm ~ 100 m)

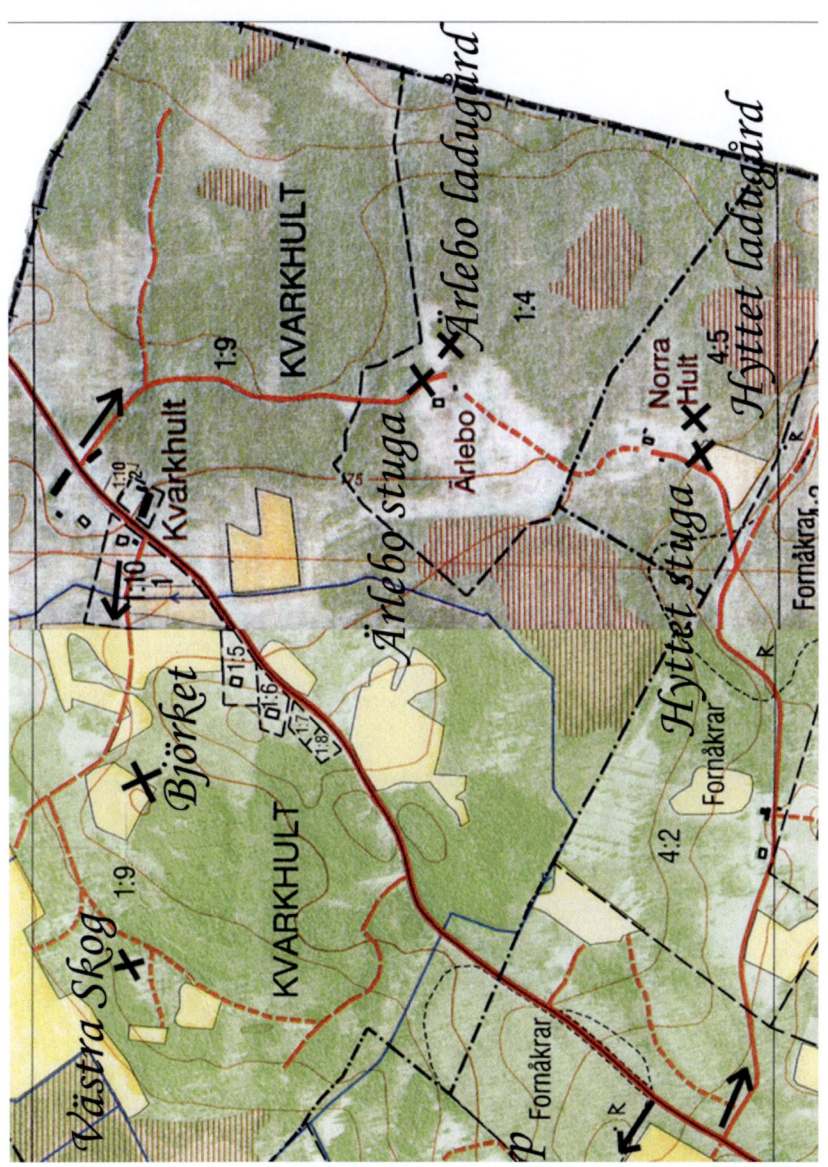

Del av Lantmäteriets Fastighetskarta.
Tillstånd att använda kartan har inhämtats hos Lantmäteriet.

115

Karta 2 (skala: 1 cm ~ 100 m)

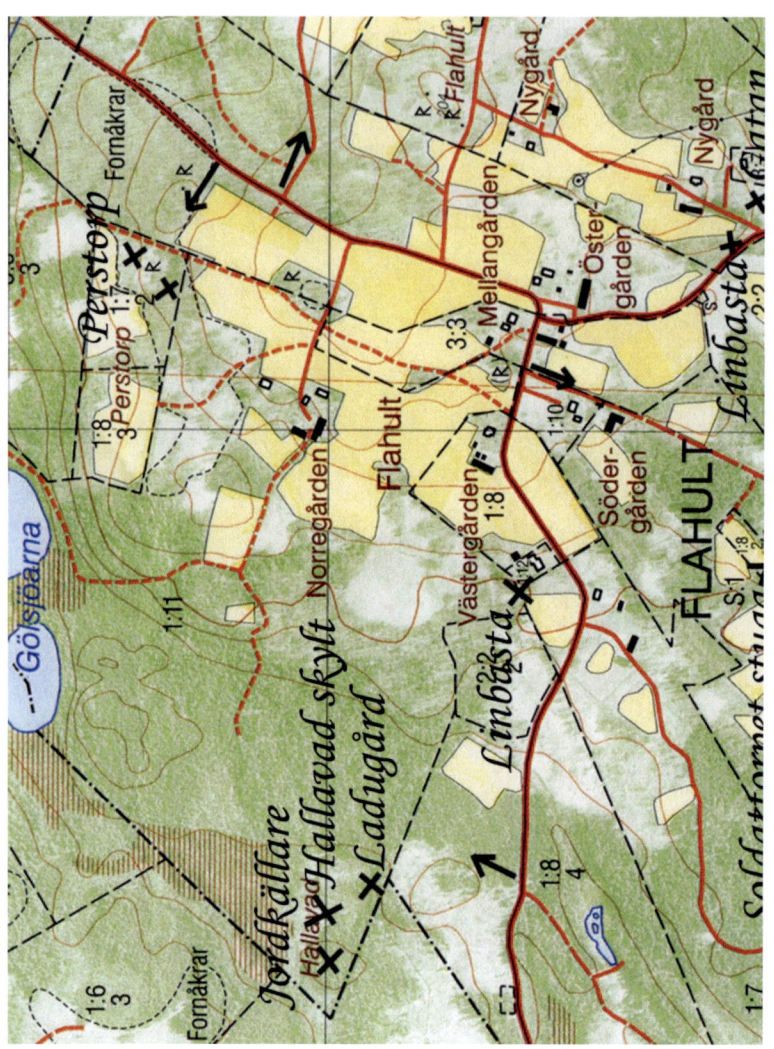

Del av Lantmäteriets Fastighetskarta.
Tillstånd att använda kartan har inhämtats hos Lantmäteriet.

116

Karta 3 (skala: 1 cm ~ 100 m)

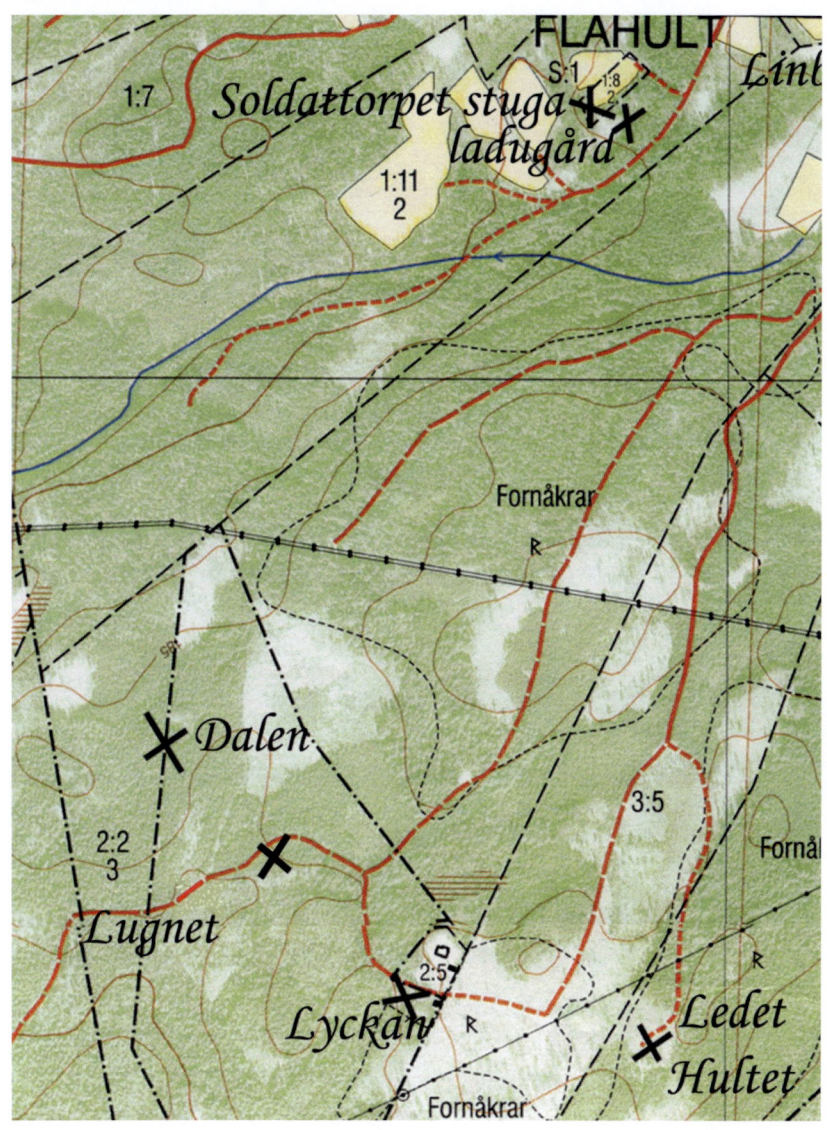

Del av Lantmäteriets Fastighetskarta.
Tillstånd att använda kartan har inhämtats hos Lantmäteriet.

Karta 4 (skala: 1 cm ~ 100 m)

Del av Lantmäteriets Fastighetskarta.
Tillstånd att använda kartan har inhämtats hos Lantmäteriet.

Karta 5 (skala: 1 cm ~ 100 m)

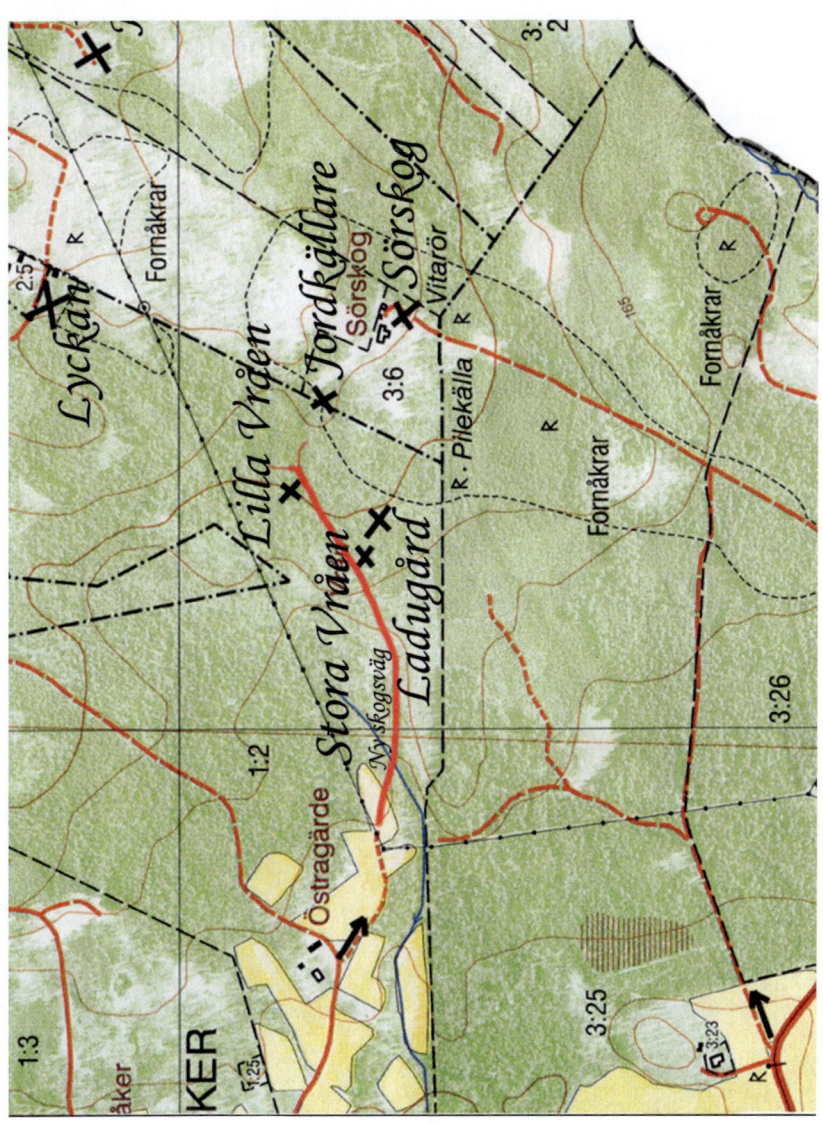

Del av Lantmäteriets Fastighetskarta.
Tillstånd att använda kartan har inhämtats hos Lantmäteriet.

Källor

Kyrkoarkivalier: husförhörslängder, mantalslängder, födelse-vigselböcker, död- och begravningsböcker samt sockenprotokoll.
Krigsarkivet: torpsyneprotokoll, generalmönstringsdokument och kontrakt.
Lantmäteriet: Historiska kartor och Fastighetskartor.
Bouppteckningar

Bandade intervjuer och muntliga berättelser.
Anteckningar från den tidigare torpinventeringen.

Trots att vi varit noggranna med att dubbelkolla och jämföra olika källor kan det finnas faktafel. Vi ber i så fall om ursäkt för dem.

Innehållsförteckning

121